dtv

Gutes Benehmen – hoch geschätzt, aber kaum noch gepflegt: Die schöne Sitte etwa, Ältere zuerst zu grüßen, scheint völlig dem Vergessen anheim gefallen, Arbeitgeber beklagen mangelhafte Umgangsformen bei Jugendlichen, auf den Straßen – und nicht nur dort – regieren Egoismus und Rücksichtslosigkeit. Geschieht schlechtes Benehmen aus Mutwillen, Ignoranz oder schlicht aus Unaufgeklärtheit? Muss gutes Benehmen – wie in Bremen – wirklich zu einem Schulfach werden? Und sind an der Misere mal wieder die Achtundsechziger schuld?

Gerlinde Unverzagt betrachtet das Benehmen-Thema vor allem unter dem Aspekt der Erziehung. Wie lernen Kinder Höflichkeit und soziale Tugenden? Woran orientieren sie sich? Darüber hinaus gibt sie einige »Worst-of«-Einblicke in das Daneben-Benehmen und fragt, wie, wann und warum uns die guten Sitten abhanden gekommen sind und was man zu ihrer Wiederbelebung tun kann. Weit davon entfernt, einen neuen Verhaltenskatalog aufstellen zu wollen, zeigt sie, dass es manchmal einfach schön, bekömmlich und sinnvoll ist, sich gut zu benehmen.

Gerlinde Unverzagt, geboren 1960, studierte Geschichte, Philosophie, Publizistik und Lateinamerikanistik. Sie ist freie Journalistin und Autorin zahlreicher Sachbücher, bei dtv: ›Patchwork. Familienform mit Zukunft‹ (2002) und ›Wenn mal wieder alles nervt‹ (2003).

Gerlinde Unverzagt

Benehmen
macht Schule

Gute Gründe für gute Manieren

Deutscher Taschenbuch Verlag

Von Gerlinde Unverzagt
sind im Deutschen Taschenbuch Verlag erschienen:
Wenn mal wieder alles nervt (24344)
Patchwork. Familienform mit Zukunft (36289)

Originalausgabe
Februar 2005
© Deutscher Taschenbuch Verlag GmbH & Co. KG,
München
www.dtv.de
Umschlagkonzept: Balk & Brumshagen
Umschlaggestaltung: Catherine Collin unter Verwendung
einer Illustration von © Knut Maibaum/Die Illustratoren
Gesetzt aus der Stempel Garamond 10/12˙
Gesamtherstellung: Druckerei C. H. Beck, Nördlingen
Gedruckt auf säurefreiem, chlorfrei gebleichtem Papier
Printed in Germany · ISBN 3-423-34155-6

Für den einen, ohne dessen An- und zeitweilige Abwesenheit dieses Buch niemals fertig geworden wäre – danke, Uwe!

Inhalt

Umgang, Benehmen, Verhalten:
In Bremen geht's voran 11

Bis hierhin ... und so geht's weiter 12
Was früher anders war 14
Eltern in die Schule! 16
Houston, wir haben ein Problem 18
Schule allein kann's nicht richten 19
Was uns ein Buffet über das Leben lehren kann 20
Sollzustand und Istzustand 22
Lehrer Witte hat das Steuer fest in der Hand 23
Schlechte Noten für Eltern 24
Vom Zauber der Entschuldigung 26

Benimm-Bausteine und Bildungsverträge 27

Urknall und Nachhall 28
Halbwertszeit der Höflichkeit 30
Benimm-Unterricht für Lehrer:
    Warum eigentlich nicht? 32
Umgangsformen häppchenweise gereicht 34
Es ist angerichtet 35

Auch eine Antwort:
Bildungs- und Erziehungsverträge 39

Alter Wein in neuen Schläuchen 40
Auf das Klima kommt es an 41
Rücksicht, Regeln, Rituale: Wir arbeiten dran 42
Brücken zwischen Elternhaus und Schulhof bauen:
    Verträge verbinden 44
Ordnung, Mitarbeit, Fleiß und Betragen 47

Qualitätsmanagement im Schulbetrieb? 48
Eltern sind schwierige Kunden 52

Die Wiederentdeckung der Höflichkeit 55

Alles wird dauernd immer schlimmer 56
Licht am Ende des Tunnels – oder nur die Scheinwerfer
    des entgegenkommenden Zuges? 57
Ein Lamento mit Tradition 58
Der Anstandsnerv zuckt kollektiv 60
Wenn wir uns was wünschen könnten 62
Vom schönen Schein zum tiefen Grund 64
Der Retro-Trend macht vorm Benimm nicht Halt 66
Fitnessvorteil Höflichkeit 67
Leistung statt langer Leine 69
Zwischen Anpassung und Selbstbehauptung 71
Schule: Lebens- oder Leidensort? 73

Gutes Benehmen macht Schule – schlechtes auch 75

Wer sich schlecht fühlt, macht's nicht besser 76
Von den PISA-Siegern lernen? 77
Wahlmöglichkeiten schaffen 78
It's all about respect 79
Aufmerksamkeit und Achtsamkeit:
    So wichtig wie die Luft zum Atmen 81
Heiße Kartoffeln machen die Runde 81
Gewinnmitnahmen bei steigendem Kurs:
    »Family values« im Aufwind 84
Es gibt viel zu tun, fangt ihr schon mal an! 86
Schulaufgaben für Lehrer 89
... und Hausaufgaben für Eltern 91
Rosenkriege auch hier 92
Scharmützel im Grenzgebiet 95
Gehen die Lehrer gern in die Schule? 95
Der kleinste gemeinsame Nenner
    muss noch gefunden werden 97

**Eltern werden ist nicht schwer,
Eltern sein dagegen sehr …** 99

Schwindende Verbindlichkeiten 101
Großzügige materielle Entschädigungen 102
Abstandhalter, Ellbogenpuffer, Diskretionszonen 103
Bestandsaufnahme: Was wollen wir weitergeben? 104
»Eltern« kommt von »älter« 106
Schonhaltungen, die verbiegen 108
Wie wichtig sind Eltern eigentlich? 110
Lernen am lebendigen Modell 112
Altpädagogisch oder neukonservativ? 114

Ist die Gesellschaft schuld? 117

Wer will schon wie die eigenen Eltern werden? 118
Der Zeitgeist wechselt die Windrichtung 119
Blick zurück nach vorn 121
Wer immer ganz offen ist, ist auch nicht ganz dicht ... 122
Rotzfrech, kreativ und selbstbewusst:
    Die neuen Kinder sind da 123
Und alle, alle erziehen mit 125
Bohrversuche zu den Quellen der Ruppigkeit 127
Von der Außenseite betrachtet:
    Grobianismus als deutsche Tradition 129
1968 war schon okay, aber … 131
Spätfolgen, unerwünschte Nebenwirkungen und
    ein Vakuum 133
Vergiss das mit der Liebe.
    Versuch's mal mit guten Manieren! 134
Regeln schaffen wie Wände den Raum 135

Schlechte Vorbilder verderben gute Sitten 139

Wo's langgeht? Schwer zu sagen 141
Orientierungshilfen für Anfänger
    und Fortgeschrittene 142

Prüfstein Glaubwürdigkeit 145
Umgangsformen und Gesetze gehören zusammen 147
Vorbilder wirken nicht schnell, aber halten lange an ... 148
Wichtiger als alles andere: Im Gespräch bleiben 152
Überhaupt: das Auto – Der Elchtest
    für die Benimm-Balance 154
Die Würde des Kindes ist antastbar 155

Guter Ton stößt auf taube Ohren? 157

Liebe allein reicht nicht, um Kinder zu erziehen 158
Rahmenrichtlinien für Herzensbildung 159
Wer nicht lernt, hat nichts zu lehren 159
Sichtblenden vor der Wirklichkeit 161
Bloß keine Höflichkeitserziehung! 162
Die Natur hilft, wenn man sie lässt 163
Werte, Normen und wie man für sie wirbt 165
Einfühlungsvermögen:
    Wirft Zinsen ab und bringt satte Rendite 167
Form follows function 168
Dem anderen nicht an die Gurgel springen:
    Soziale Kompetenz 169

Da lob ich mir die Höflichkeit,
das zierliche Betrügen 171

Schon so früh! 172
Auf dem Weg zur Höflichkeit 175
Kindermund tut Wahrheit kund – leider 176
Lügen haben lange Beine 176
Der schonungsvolle Umgang mit der Wahrheit
    will gelernt sein 178
Erst mit zehn Jahren:
    Die Sorge um den Eindruck, den man hinterlässt ... 180
Unterscheiden lernen: Die Feinheiten kommen dazu .. 183

Literatur 185

Umgang, Benehmen, Verhalten:
In Bremen geht's voran

»Ja, warum bloß soll man sich denn beim Buffet den Teller nicht so voll machen?«, wundert sich Lehrer Witte mit sorgfältig einstudierter Ahnungslosigkeit und stichelt gleich noch ein bisschen weiter: »Wenn man doch so viel Hunger hat?« Er schickt einen fragenden Blick in die Runde. Knifflig, diese Frage – dass Elfjährige immer Hunger haben, weiß schließlich jeder. Brav legen einige Schüler der Klasse 5 b auch gleich die Stirn in Grübelfalten, ganz zaghaft heben sich hinten aus der letzten Bank ein, zwei Arme in die Höhe. Für einen kurzen Moment bleibt es still im Klassenzimmer. Dann schnippt Ben wild mit den Fingern. Er hat's! Er weiß es! Er will jetzt drangenommen werden! »Weil man sich ja immer wieder was nachholen kann!«, sprudelt er hervor, nachdem der Lehrer ihm auffordernd zugenickt hat. »Genau so ist das«, lobt Lehrer Witte und lächelt kurz, als Bens Tischnachbar noch zu bedenken gibt: »Ja, aber nur, wenn auch genug da ist!« Der ganze Jungen-Tisch nickt heftig.

Aber was muss man denn noch so alles beachten, wenn man zu einem Buffet eingeladen ist? Jetzt prasseln die Antworten, denn seit neuestem sind diese elfjährigen Kinder Experten in Sachen Frühstücksbuffet – praktische Übung inklusive. Die heiße Schlacht um Brötchen, Nutella, Marmelade und das dazugehörige Inventar ist soeben ausgetragen worden, jetzt wird das gemeinsame Frühstücksvergnügen theoretisch-didaktisch nachbereitet. Von zu Hause bringt keines der Kinder einschlägige Erfahrungen mit. »Verhalten am Buffet« ist aber nur ein Baustein des Unterrichts, den Schulleiter Karl Witte nun schon einem zweiten Jahrgang von Fünftklässlern verordnet hat. »Grüßen, Bitte und Danke sagen, sich entschuldigen« – so umreißt der Lehrer die Basics, die hier vermittelt werden. Kulturtechniken wie Ausredenlassen, Pünktlichsein und Türaufhalten kommen auch noch dran. Karl Witte zählt weitere Beispiele guten Benehmens auf, denen er sich in der Benimm-Stunde widmen wird: »Älteren Menschen in der Straßenbahn seinen Sitzplatz anbieten, an der Kasse bei Karstadt nicht drängeln oder auf dem Bürgersteig Entgegenkommenden Platz machen.« Rollenspiele, Erarbeiten oder auch die Beschäftigung mit selbst gemachten Videoaufnahmen wechseln sich im Unterricht ab. Üben, üben, üben heiße die Devise. »Das ist wie Vokabeln lernen oder Matheformeln pauken«, so Witte, »wenn man nicht dranbleibt, ist alles für die Katz.«

Bis hierhin … und so geht's weiter

Seit dem Sommer vergangenen Jahres steht »UBV – Umgang, Benehmen, Verhalten« jeden Mittwoch in der fünften Stunde auf dem Stundenplan der Fünftklässler, die das Schulzentrum Flämische Straße im Bremer Stadtteil Huchting besuchen. »Mir hat's komplett gereicht«, begründet Witte seinen Vorstoß in Sachen gutes Benehmen und schimpft: »Mehr als die Hälfte meiner Arbeitszeit geht für disziplinarische Dinge drauf. Der Unterricht wird von wenigen gestört, weil die Anweisungen der Lehrer nicht befolgt werden, weil Zuspätkommende provozierend laut den Klassenraum betreten, weil die Hausaufgaben nicht gemacht werden.« Er holt tief Luft. »Jeder Zweite hat die Hände in der Tasche, kaum einer grüßt, aus jeder Kleinigkeit wird eine Riesenprügelei, weil selten einer sich noch entschuldigen kann. Und zuletzt hatte ich zweimal die Woche einen Krankenwagen auf dem Schulhof.« Der Schulleiter schüttelt den Kopf, hebt flehentlich die Hände. Seine persönliche Schmerzgrenze sieht er jedenfalls erreicht. »Das kostet so viel Kraft!« Und deshalb hat der Sport-

und Geografielehrer das neue Unterrichtsfach erfunden. Bundesweit als erste Schule hat das Bremer Schulzentrum den Benimm-Unterricht auf den Stundenplan gesetzt – verpflichtend für alle fünften Klassen und auch benotet. In Wittes Unterricht kann man »mit sehr gutem Erfolg«, »mit Erfolg« oder mit »teilgenommen« abschneiden. Außerdem sind die Benimm-Schüler für das halbe Jahr, das der Unterricht dauert, von Sanktionen wie Elterngesprächen, Verwarnungen, Ordnungsdienst, Unterrichtsausschluss oder Versetzung an eine Nachbarschaftsschule befreit. »Danach aber«, sagt Karl Witte, »weht der Wind des Lebens wieder.« Und das heißt: Wer sich danebenbenimmt, muss mit unangenehmen Folgen rechnen.

Im Guten hat er es nämlich schon lange vorher versucht. Vor einem Jahr haben er und seine fünfzig Lehrerkollegen von allen 630 Schülern und ihren Eltern (!) einen Kontrakt mit vierzehn »Grundregeln für das Zusammenleben unter einem Dach, für ein respektvolles und harmonisches Miteinander und einen effektiven und erfolgreichen Unterricht« unterschreiben lassen: Das Verbot von Schimpfwörtern, Spucken auf dem Schulgelände, Rauchen und Schmierestehen waren genauso wichtige Bestandteile des Vertrages wie die Verpflichtung zum gegenseitigen Grüßen. Vertragsbrüche wurden mit sorgfältig abgestuften Sanktionen geahndet: Wer beispielsweise die Schule schwänzte, bekam einen Brief an die Eltern ins Haus, musste die versäumte Zeit am Nachmittag nachholen und wurde im Falle hartnäckiger Wiederholungstaten der Schulbehörde gemeldet. Wer den Unterricht störte, musste für die Allgemeinheit arbeiten, den Brief an die Eltern in Kauf nehmen und zu guter Letzt die Schulordnung auswendig lernen.

Papier ist geduldig, Schulleiter Witte ist es nicht mehr: »Gebracht hat das gar nichts.« Obwohl die Eltern alle begeistert unterschrieben hätten – »nix ist passiert«. So habe er beispielsweise die Höchststrafe einige Male verhängen müssen: vierzehn Tage in die Nachbarschule. Und dann kam ein verzagter Anruf der betreffenden Eltern. »Herr Witte, ich hab's ja versucht. Aber das kann ich bei meinem Sohn nicht durchsetzen.« Eltern, die sich gegenüber einem neunjährigen Kind nicht behaupten können! Das muss man sich mal vorstellen! Der Schulleiter schnaubt, lächelt dünn und fasst zusammen: »Die meisten Eltern sind total hilflos oder überfordert. Oder beides.« All dieses Neinsagen, Grenzen setzen und Durchhalten setze große Kraft zu Hause voraus. »Und die fehlt bei ganz vielen einfach«, das hat er in unzähligen Elterngesprächen erfahren. Zwar findet auch Karl Witte, dass die entscheidende Erziehungsarbeit im Elternhaus geleistet werden muss, »aber wenn die Zehnjährigen, die nach der Grundschule hierher kommen, so grundlegende Mängel in ihrem sozialen Verhalten haben«, müsse die Schule das eben aufgreifen. »Schließlich haben die Kinder, wenn sie hier anfangen, ja schon zehn Jahre Erziehung hinter sich!«, gibt er zu bedenken. Warum davon so wenig im Verhalten hängen geblieben ist – »man muss sich einfach wundern«, sagt der Schulleiter. »Der Ton ist in den letzten Jahren immer rauer geworden, das ganze Klima immer aggressiver.«

Was früher anders war

Über die Gründe für diesen Wandel mag auch der 61-jährige Rektor nur spekulieren. Nicht nur Kinder aus schwierigen Verhältnissen, sondern Kinder aus allen Schichten fielen durch gestörtes – und störendes – Sozialverhalten auf. Er vermutet, dass Eltern längst im großen Stil resigniert haben und sich gar nicht mehr die Mühe machen, ihre Kinder zu erreichen. Ob aus Überforderung oder Gleichgültigkeit – das Ergebnis ist oft das gleiche. Kinder von Alleinerziehenden und Arbeitslosen fielen natürlich häufiger auf, aber auch solche von Eltern, die sich vor lauter Karriere nicht mehr um ihre Kinder kümmern. Frau Kutschka, die gute Seele im Schulsekretariat, meint dazu: »Früher habe ich bei den Kindern zu Hause angerufen, wenn eines krank war, dann kamen die Mütter und haben das Kind abgeholt.« Heute hingegen höre sie am Telefon immer öfter: »Haben Sie auch wirklich alles versucht?« Oder gar: »Nee, auf keinen Fall, vor vier kann ich den hier überhaupt nicht gebrauchen.« Und dann liege es eben hier auf der Pritsche, das fiebernde Kind, bis jemand komme, um es nach Hause zu holen.

Geben Eltern ihre Erziehungsaufgaben ganz gerne an die Schule ab und die Fürsorge gleich mit? Service-Mentalität? »Nun, man könnte schon sagen, dass Eltern sich heute zunehmend davor drücken, dem Nachwuchs Themen wie Anstand, Achtung, Respekt, Fleiß, Höflichkeit und Leistungsbereitschaft nahe zu bringen«, formuliert der Schulleiter vorsichtig. Hinzu komme, dass man in den letzten beiden Jahrzehnten auf gutes Benehmen keinen Wert mehr gelegt habe – es galt als altmodisch und verzopft, auf der Einhaltung bestimmter Umgangsformen zu bestehen. »Stattdessen legte man viel Wert darauf, die Individualität, die Selbstentfaltung und Kreativität des Kindes zu fördern.« Doch ohne eine gewisse gute Form bleibe auch die persönliche Entwicklung auf der Strecke, davon ist der »Lehrer aus Leidenschaft«, wie er sich selbst beschreibt, überzeugt. So schnell bringt ihn nichts davon ab, dem einmal eingeschlagenen Pfad zu folgen und Nägel mit Köpfen zu machen: »Mir reicht's. Ich zieh das jetzt durch.«

Der UBV-Unterricht zielt durch die Form auf den Kern – ein neuer Versuch, Rempeleien, rüpelhaftem Verhalten, ruppigen Umgangstönen energisch Einhalt zu gebieten. Über das Pauken von Regeln soll der Benimm-Unterricht, dessen Stoff keinem festen Lehrplan folgt, sondern aus dem Leben schöpft, weit hinausgehen. Schön zu wissen, wie man sich am Buffet benimmt, fein auch, wenn ein Zehnjähriger imstande ist, sich in aller Höflichkeit ein Stück Kreide auszuleihen, erfreulich, wenn ein Kind grüßt. Aber hinter den üblichen Regelverletzungen hat Karl Witte etwas anderes ausgemacht, das ihm viel größere Bauchschmerzen bereitet: Es fehle an gegenseitigem Respekt, an Einfühlungsvermögen und auch an Solidarität zwischen den Kindern. »Wenn ein Kind von älteren Mitschülern verprügelt wird, schauen die anderen zu ohne einzugreifen. Fragt man sie, warum sie nichts tun, sagen sie, das sei doch alles nur Spaß – wenn sie überhaupt etwas sagen und nicht nur (›keine Ahnung‹) mit den Schultern zucken. Vor den anderen als Weichei dazustehen, ist die große Angst, die sie alle umtreibt.« Teilzunehmen, sich einzumischen, einem anderen etwas nachfühlen zu können – das sei eben einfach nicht cool. »Und cool sein, das ist alles.«

In einer frühen UBV-Stunde haben die Bremer Kinder anonym einen Fragebogen ausgefüllt, in dem sie ihre Gefühle zur Schule schilderten. Über ihre Antworten erschrak der Schulleiter nicht wenig – und widmete die nächste Stunde dem Thema: »Könnt ihr euch in jemanden hineinversetzen, der große Angst hat?« Schließlich hatten über die Hälfte der Kinder geschrieben, dass sie Angst vor Erpressung, Prügeleien und Bedrohungen hätten. Sie befürchteten nichts so sehr, wie als schüchtern oder zurückhaltend verschrien zu sein – denn den Schüchternen werde viel eher die Jacke abgezogen, das Fahrrad zertreten oder das Geld abgeknöpft. Wenn Kinder ihre inneren Nöte mit sich herumtragen, ohne jemandem davon erzählen zu können, wächst der Druck. Das enorm angewachsene Gewaltpotential auf dem Schulhof hat ein Gegenstück im Elternhaus. Bei der Frage »Wie geht es dir nachmittags, wenn du zu Hause bist?« schrieben viele Kinder: Angst vor Krach im Elternhaus, Angst vor dem Versagen, Bauchschmerzen, Angst vor der Schule.

Eltern in die Schule!

Die Eltern mit ins Boot zu holen, das hat der Schulleiter als die andere Hälfte der Aufgabe erkannt, welche die Schule meistern muss: »Den Kindern etwas beibringen reicht alleine nicht. Wir müssen die Eltern davon überzeugen, sich mehr um ihre Kinder zu kümmern.« Alle zwei Wochen erhalten die Eltern der Bremer Kinder nun einen Brief von der Schule, aus dem sie erfahren, wo es gerade brennt. Im Benimm-Unterricht selbst geht es nach den Erfahrungen aus der ersten Runde nun vor allem darum, den Schülern einen respektvollen Umgang mit den Nächsten beizubringen – seien dies Mitschüler, Lehrer, Sekretärin, Hausmeister oder Putzfrauen. Auf lange Sicht heißt Wittes Ziel: »Ich will, dass die Kinder den Mitschüler und auch dessen Eigentum achten lernen.«

Weder Angst verbreiten noch Drill will der Pädagoge – doch »ohne Furcht vor Sanktionen läuft gar nichts«, betont er. Neue Wege möchte er beschreiten, dabei grassierende Respektlosigkeiten eindämmen und so Schritt für Schritt eine neue Lernkultur herbeiführen. Der Grundstein ist gelegt. Jetzt wird geübt und trainiert wie in anderen Fächern auch. »Wir klopfen an, wenn wir ins Sekretariat gehen; wir nehmen die Mütze vom Kopf und die Hände aus den Hosentaschen; wir fragen, ob Herr Müller da ist, und sagen nicht: Ist Müller da? Wir kauen keinen Kaugummi im Unterricht, sagen zu Mitschülern nicht ›Hurensohn‹ und spucken nicht ständig.«

Die didaktische Einheit »Benehmen am Buffet« kam eher zufällig dazu. Eine ältere, wohlhabende Dame aus Bremen hatte von Wittes mutigem Vorstoß erfahren und ihm hocherfreut, zusammen mit einem anerkennenden Brief, einen Scheck über 500 Euro geschickt, den er nach Belieben zum Wohle des Unterrichts verwenden möge. Da fiel ihm ein: Tischmanieren, genau – »daran hapert es ja auch an allen Ecken«.

Die gute Tat der Bremer Dame war beileibe nicht das einzige Echo auf Wittes Unterricht. »Plötzlich brach ein Sturm los«, erinnert sich der Pädagoge. »Journalisten rannten uns die Bude ein, Radio, Fernsehen, alle waren sie hier. BBC bat um ein Interview, das französische Fernsehen hat hier gedreht und«, Karl Witte deutet auf ein prall gefülltes Regal,

»vier Aktenordner voll mit Zeitungsausschnitten über UBV haben wir in einem halben Jahr gesammelt!« Sogar eine vietnamesische Zeitung berichtete: »Rude students prompt teacher to teach manners in classroom.«

Houston, wir haben ein Problem ...

Offensichtlich haben der Bremer Schulleiter und sein Kollegium mitten in ein Wespennest gestochen. Von überall her erhoben sich Stimmen, die plötzlich die neue Rücksichtslosigkeit, die grassierende Unhöflichkeit und den Mangel an sozialverträglichen Umgangsformen der Jugend beklagten. Arbeitgeberpräsident Dieter Hundt rief den »Erziehungsnotstand« aus und attestierte vielen Schulabgängern, die in die Betriebe eintreten, dass ihnen »die einfachsten Regeln des Zusammenlebens« nicht geläufig seien. »Fehlende Reife und mangelndes Sozialverhalten bei Bewerbern um Lehrstellen« beklagte auch der Geschäftsführer des Deutschen Industrie- und Handelskammertages Martin Wansleben und wollte neben der Schule auch die Eltern stärker in die Pflicht genommen sehen: »Sie müssen ihren Kindern wieder Verlässlichkeit, Pünktlichkeit, Ehrlichkeit und Teamfähigkeit beibringen.« Der saarländische Bildungsminister Jürgen Schreier preschte nach vorn und kündigte einen »bundesweit beispiellosen Benimm-Unterricht« an, mit dem das »Ende der Unhöflichkeit« eingeleitet werden sollte. »Reinste Steinzeitpädagogik«, keifte Christian Klein, Landesvorsitzender der Grünen Jugend Saar, »uns ist eine freche, kritische und aufmüpfige Jugend lieber als eine dumpfe, angepasste und abgestumpfte Jugend, wie wir sie aus früheren Zeiten unserer Geschichte kennen.« Monika Hohlmeier, CSU-Kultusministerin in Bayern, empfindet dagegen beinahe klammheimliche Freude: »Ich bin froh, dass Erziehung und Wertorientierung wieder zu einem Thema geworden sind. Das ist auch ein Erfolg unserer Politik.«

Doch während Legionen von Leserbriefschreibern, vom Zeitgeist beflügelt, auf den »ungezogenen« Schüler verweisen, der einer alten, behinderten oder schwangeren Dame den Platz im sprichwörtlich voll besetzten Bus nicht anbieten mag, oder düster mahnen, welche gravierenden Nachteile junge Menschen mit schlechten Manieren bei der Suche nach einem Arbeitsplatz gewärtigen müssen, schießen Workshops, Seminare, Coachings und Kurse zum guten Benehmen aus dem Boden. Höflichkeit als Waffe in der Ellbogengesellschaft? »Nicht was jemand denkt, tut und sagt, ist entscheidend«, heißt es beispielsweise bei der Knigge-Akademie in Essen, »sondern wie er es nach außen vermittelt.«

Auftreten, Habitus und eine natürliche Souveränität sind einer Studie der Universität Dortmund zufolge »für die Karriere wichtiger als alle Zeugnisse«. Das Verkaufsargument der Anstands-Anbieter sticht – und die Waffe Höflichkeit sticht, auch ist sie allemal besser als die anderen Waffen, die angeblich jeder dritte Jugendliche zur Wahrung seiner Interessen auf dem Schulhof in den Tiefen seines Eastpak-Rucksacks birgt.

Schule allein kann's nicht richten

Der Hamburger Erziehungswissenschaftler Peter Struck appelliert an die Eltern, dass Schule nicht der alleinige Reparaturbetrieb unserer Gesellschaft sein könne, deshalb »müssen die Lehrer den Schulterschluss mit den Eltern in Sachen Erziehung suchen«. Kein einfaches Unterfangen, denn, so rechnet er finster, »mittlerweile sind etwa 60 Prozent der Eltern erzieherisch mehr oder weniger hilflos oder haben sogar Angst vor der Erziehung ihrer Kinder. Die Schule«, findet er, »sollte den Eltern mehr bei der Erziehung helfen, als dass sie diesen Auftrag zu übernehmen gedenkt.« Die Vorsitzende der Gewerkschaft Erziehung und Wissenschaft Eva-

Maria Stange hingegen will vom Benimm-Unterricht nichts wissen: Die Vermittlung von Werten und einem respektvollen Umgang miteinander sei eine originäre Aufgabe der Schule, für die es keiner gesonderten Fächer bedürfe, sagte die GEW-Chefin der ›Welt am Sonntag‹.

Auch Schulleiter Witte glaubt nicht, dass Benimm-Unterricht an den Schulen das allein selig machende Heilmittel sein kann. Aber irgendwo muss man schließlich anfangen. Am besten ganz klein: Grüßen, Bitte und Danke sagen, anderen die Tür nicht vor den Kopf knallen, sich entschuldigen können – bei alldem geht es letztlich um gegenseitigen Respekt. Und der braucht eine gewisse Form. Punktum. »Ein Riesenbedarf ist da«, schließt Karl Witte aus dem enormen Medienecho, »es handelt sich keineswegs um ein Problem, das nur unsere Schule hat.«

Was uns ein Buffet über das Leben lehren kann

Nun wird also einmal im Halbjahr pädagogisch wertvoll und in aller Form gefrühstückt. In puncto Buffet sind die Kinder längst fit: »Wurst und Käse darf man nicht mit den Fingern nehmen! Nur mit Gabel!«, »Drängeln und anrempeln darf man auch nicht!«, »Man muss sich inne Reihe anstellen!«, »Und mit Messer und Gabel essen!«, »Die Gabel richtig halten!« – »Das ist alles sehr, sehr wichtig!«, ruft Karl Witte mit dem Rücken zur Klasse. Er fängt die Antworten auf und schreibt in Windeseile die Tafel voll. »Müsst ihr mal drauf achten«, sagt er, »das können die meisten Erwachsenen auch nicht richtig.« Hier und da flackert ein breites, sehr wissendes Grinsen auf. Man echauffiert sich ungerührt: »Ja, manche halten die Gabel auch so!«, sagt Lisa. Das dünne, hochgeschossene Mädchen hält, damit auch alle das gut sehen können, seine rechte Faust hoch, in der ein Buntstift wie eine Hiebwaffe steckt. Angewidert verzieht es das Gesicht, seine

Nachbarin schüttelt sich gar. Man macht sich im Allgemeinen gar keine Vorstellung, zu welch unmöglichem Benehmen Erwachsene imstande sind! »So geht das nämlich«, demonstriert sie jetzt mit Kennermiene und schiebt den Stift zwischen Mittelfinger und Daumen in Position, justiert den tintenfleckigen Zeigefinger obendrauf und hält das fertige Arrangement wieder in die Höhe. Selbstverständlich ist es die linke Hand, die den Stift wie die Gabel hält, »denn in die rechte«, betont Lisa ernst, »kommt ja das Messer«.

Dann wird Punkt für Punkt in dreißig UBV-Hefte gekritzelt, was an der Tafel steht. Plötzlich fliegt mit Karacho die Tür zum Klassenzimmer auf, ein großer Junge stolpert herein: Alex aus der Achten. »Wittekannichmakreide?«, knarzt er in Richtung Lehrer, der ihm wortlos das Stück Kreide reicht. Dann macht der Junge auf dem Absatz kehrt, krachend fliegt die Tür ins Schloss.

Die Köpfe der Kinder bleiben gesenkt, kaum einer scheint aufzumerken, geschweige denn Anstoß zu nehmen an dieser wahrlich flegelhaften Störung des Unterrichts. Dass Alex mit diesem Auftritt gleich sechs Regeln des höflichen Miteinanders auf einmal verletzt hat, werden die Kinder gleich lernen. Dass Witte die Showeinlage des 14-Jährigen gezielt verabredet hat, erfahren sie jedoch nicht. Lehrer Witte wischt also ungerührt die Tafel blank, dreht sich dann abrupt um und fragt: »Sagt mal, was war das denn eben? Daran war doch einiges auszusetzen, oder?« Schon kommt Bewegung an Bens Tisch auf. »Der hätte eigentlich Danke sagen sollen!« Lehrer Witte nickt. »Aber da lief doch vorher schon was schief.« Ein zartes Mädchen ruft empört: »Witte hat der gesagt, dabei hätte er Herr sagen sollen!« – »Genau, und er hat nicht angeklopft!«, tönt es vom Nachbartisch herüber, und auch »Hallo hätte er sagen sollen!« – »Und was noch?« Ratlos gucken sich die Kinder an, während der Lehrer die Tafel mit einem energischen Kreidestrich teilt. »Gibt es nicht noch etwas Besseres als Hallo?« – »Hi vielleicht?«, mutmaßt ein kleiner Junge mit sorgsam gegelter Igelfrisur. Ganz falsch. »Guten Tag, das klingt doch viel schöner«, findet Karl Witte und macht sich daran, die Sache zu ordnen.

Sollzustand und Istzustand

»So war's«, schreibt er links, »So sollte es sein«, schreibt er auf die rechte Seite der Tafel. »Wer hilft mir?«, ruft er in die Runde, und wieder hagelt es Antworten, die er in die richtige Reihenfolge bringt. Um Kreide bitten – das geht nämlich so: »Wir klopfen an. Wir grüßen. Wir entschuldigen uns für die Störung. Wir sagen Bitte und Danke. Wir verabschieden uns.« So ganz neu ist das für manche Kinder nicht mehr. Ender, ein neunjähriger türkischer Junge, winkt ab: »Das Grüßen wusste ich schon.« Ihm gefällt der Unterricht bei Herrn Witte trotzdem richtig gut – »auch weil man was lernt«, findet er und hat gleich ein Beispiel parat: »Dass man anklopfen soll, habe ich noch nicht gewusst.«

Die einzelnen Schritte beim formvollendeten Ausborgen von Kreide werden jetzt von der Tafel abgeschrieben. Doch vorher wird laut vorgelesen. »Wir wollen's aufschreiben, uns merken und lernen, lernen, lernen!«, ruft Witte und flitzt zwischen den Tischen hin und her, hält Blickkontakt für Sekunden, breitet die Arme aus, lächelt, intoniert sorgfältig und wiederholt seine Sätze eindringlich. Klassischer Frontalunterricht: Der Lehrer steht an der Tafel, stellt Fragen, schreibt die Tafel voll. Reden darf nur, wer gefragt ist, ansonsten ist Zuhören angesagt. Doch auch auflockernde Rollenspiele gehören zum Unterricht. Etwa, wenn alle Tische an die Wand geschoben werden, die Stühle paarweise in eine lange Reihe gerückt sind und sich der Klassenraum in einen Straßenbahnwaggon verwandelt. Dann werden die Rollen verteilt: »Darf ich die Schwangere sein?«, rufen ein paar Mädchen durcheinander. »Nein, ich!« – »Oh bitte, ich!« – »Nein, du warst schon!«, gebietet Witte, »du kannst heute die alte Frau sein!« Er selbst sitzt natürlich vorne in der Straßenbahn – er lenkt und hupt und klingelt voller Inbrunst, bevor er jeweils die Stationen ansagt, an denen dann all die Schwangeren und alten Frauen einsteigen können, um etwas ganz außerordentlich Beglückendes zu erleben: Ein schlaksiger Elfjähriger in Großraumhosen und Turnschuhen im Elbkahnformat steht auf und bietet höflich seinen Platz an.

Lehrer Witte hat das Steuer fest in der Hand

Doch jetzt hängen dreißig Augenpaare fest an Witte. Man kann die gespannte Aufmerksamkeit förmlich knistern hören. Kein Zweifel, er hat sie alle eingefangen – ein begeisternder Chorleiter in seinem Element. »Und wenn wir's gelernt haben, dann sollen, müssen« – er hält inne – »wollen« kommt der Refrain zurück, »wollen wir es«, erneute Kunstpause – »aufschreiben!«, ruft Sven und duckt sich gleich unter dem Gelächter seiner Klassenkameraden. Falsch! »Anwenden!«, tönt es von allen Tischen. Und das heißt erst einmal: Test. Drei Fünfergruppen brechen nun auf, um probehalber bei Frau Kutschka im Sekretariat um Kreide zu bitten oder beim Hausmeister einen Schwamm zu organisieren. Auch der Unterricht im Naturwissenschaftsraum soll jetzt höflich und nach Regeln gestört werden. Danach wird Bericht erstattet und das Erlebte ausgewertet. »Ich habe zuletzt auch noch einen schönen Tag gewünscht«, schließt Kay ganz beflissen seine Schilderung ab und überreicht die höflich erbetene Kreide. »Schleimer!«, kommt es prompt. Wer war das? Egal. Kay schlägt in verlegenem Stolz die Augen nieder, als sein Lehrer eine satte Portion Anerkennung rüberschickt. »Oho«, sagt Karl Witte. »Das ist ja richtig klasse!«

Schulleiter Witte kommt bald zum Schluss. »So, macht's gut, ihr Lieben. Tschüss bis nächsten Mittwoch!«, ruft er vom

Pult aus. »Tschüss Herr Witte!«, schallt es vielfach zurück. Man mag kaum glauben, dass diese wohlerzogenen Kinder tatsächlich einen Benimm-Unterricht nötig haben. »Nicht alle«, wehrt der Lehrer ab, »aber etwa 15 Prozent haben es bitter nötig. Ein bis zwei kann die Klasse verkraften, aber die kritische Menge liegt bei vier, fünf Schülern – dann kippt der ganze Unterricht.«

Doch im Grunde weiß auch er, dass er allein kaum aufholen kann, was zu Hause jahrelang versäumt worden ist. Ob der Unterricht eine längere Wirkung zeige, hänge schließlich sehr von der Mitwirkung der Eltern ab. Immer wieder appelliert er an die Eltern, sich um die Schulangelegenheiten der Kinder zu kümmern, sich Zeit für die Kinder zu nehmen, sich die Hausaufgaben und die Tasche zeigen zu lassen, zu fragen, wie es in der Schule gelaufen ist, mit den Kindern zu üben. »Bitte unterstützen Sie uns in unserem Bemühen«, ist ein tausendfach geschriebener Satz, der jeden einzelnen der zahlreichen Briefe an die Eltern ziert. Für Karl Witte steht außer Frage: »Schule benötigt die Unterstützung und Solidarität aller Eltern. Ohne sie kann Schule allein nichts erreichen.« Doch da fühlt er sich oft wie der Prediger in der Wüste. Unheimlich schwer sei es, die Eltern in die Schule zu kriegen – außer man habe eine Strafe verhängt, »dann stehen sie zehn Minuten später auf der Matte und schreien mich an: ›Was habt ihr mit meinem Kind gemacht?‹«. Es ist die grundsätzliche Solidarität zwischen Elternhaus und Schule, die Karl Witte so schmerzlich vermisst.

Schlechte Noten für Eltern

Maßnahmen, die die Schule ergreife, würden grundsätzlich bagatellisiert und belächelt. Auf die Schule und die Lehrer werde geschimpft, wenn der Unterricht den Vorstellungen der Schüler und Eltern nicht entspreche. »Und das«, braust

Witte wieder auf, »passiert wohlgemerkt seit Jahrzehnten und sehr oft im Beisein der Kinder.« Das regierungsamtliche Gerede von den Lehrern, die doch alle faule Säcke seien, will er jetzt zwar nicht schon wieder bemühen. Aber es enthülle doch den wunden Punkt, der im direkten Verhältnis zwischen Lehrern und Eltern ganz speziell schmerzt. Wie soll ein Kind einen Lehrer als Autorität empfinden und sich angewöhnen, sich respektvoll zu verhalten, wenn es von zu Hause ganz andere Sichtweisen mitbringt? »He, der Unterricht ist langweilig, he, der Lehrer ist faul«, fasst Karl Witte zusammen, was ihm von Elternseite entgegenschlage. »Sicher, es gibt schwarze Schafe«, räumt er ein. »Aber die gibt es überall und sind kein Grund, einen ganzen Berufsstand schlecht zu machen.« Er schüttelt den Kopf: »Mir ist kein Land bekannt, in dem das Ansehen der Lehrer so gering ist wie in Deutschland.«

In vielen anderen Ländern, die uns auch in der PISA-Studie übertreffen, hat der Lehrerberuf ein höheres Prestige, beispielsweise in asiatischen Staaten: In Südkorea sind Lerneifer und Fleiß hoch geschätzte Werthaltungen. Der Lehrer ist dort aus Elternsicht »der Erzieher meiner Kinder«. Als Vater oder Mutter begegnet man dem Lehrer mit Achtung. Bei uns dagegen gelten Lehrer häufig als überbezahlte Faulenzer, die schon krankfeiern, wenn sie sich beim Kartoffelschälen in den Finger geschnitten haben. Hier sei Basisarbeit zu leisten – auch im Hinblick auf PISA und das ganze Geschrei um das schlechte Abschneiden deutscher Schüler. »Wir brauchen nicht das ganze Geld für Ganztagsschulen, wir brauchen eine neue Lernkultur, zu der Respekt und Höflichkeit genauso gehören wie Fleiß, Leistungsbereitschaft, Pünktlichkeit, Anstand und Achtung«, betont der Schulleiter. »Erst wenn wir diese Grundvoraussetzungen ansatzweise erreichen, kann der Unterricht überhaupt wieder effektiv werden. Daran müssen alle gesellschaftlichen Kräfte mitwirken: Schule, Elternhaus und auch die Politik.«

Vom Zauber der Entschuldigung

Für heute ist er wieder einmal zufrieden und wagt eine erste vorsichtige Bilanz nach einem halben Jahr Benimm-Unterricht: »Die Sache trägt Früchte.« Nicht wenige Schüler beispielsweise hätten nun doch schon den Zauber der Entschuldigung für sich entdeckt: »Wenn man jemanden anrempelt und sich dann entschuldigt, ist das freundlich. Ergebnis: Der andere ist auch nett zu uns und haut uns keine rein.« Diesen simplen Sachverhalt werde er nicht müde zu erläutern. Und es wirkt: »Grüßen und Gegrüßtwerden sind praktisch selbstverständlich geworden. Prügeleien haben wir erheblich seltener als noch im Vorjahr.« Spaß habe es den Schülern auch gemacht, und von den Journalistenbesuchen, Kamerateams und Mikrofonen hätten sie sich nicht weiter beeindrucken lassen.

Schon gar nicht in der Pause. Die Klasse 5 b wieselt um die Tischtennisplatte herum, sie spielen eine Art Rundlauf mit einem abgeranzten Fußball. »Vieles wusste ich schon, aber ich hatte es nur vergessen«, bekundet Arne ebenso knapp wie routiniert über die Finessen des Benimm-Unterrichts. Dann stürzt er Richtung Tischtennisplatte davon; beim Einfädeln in den tobenden Kreis tritt er versehentlich einem Klassenkameraden auf den Fuß. »Ey 'tschuldigung«, kreischt er und »Mann, pass doch auf, du Arsch«. Das Opfer lässt es tatsächlich bei einem geknurrten »Ey, pass du doch auf« bewenden. Etwas abseits steht Karim. Er schiebt die langen Ärmel seines Fishbone-Sweatshirts über die Fäuste und meint zufrieden, dass er jetzt jedenfalls gelernt hat, »wie man mit Erwachsenen reden muss«.

Benimm-Bausteine und Bildungsverträge

Geschichten, die mit einem Bauchnabel anfangen, enden manchmal mit Benimm-Unterricht. Männer in mächtigen Positionen haben ernsthaften Anstoß genommen am nackten Nabel junger Mädchen und ihren bisweilen atemberaubend in die Tiefe gerutschten Hängehosen, die hintenrum weibliche Rundungen, vom G-String aufreizend umrahmt und einem fein ziselierten Arschgeweih gekrönt, weitgehend entblößen. Ein echter Hingucker – und mehr als das: Von Sexbomben unter den Schülerinnen, bei denen er nicht Lehrer sein wolle, sprach der Bremer Bildungssenator Lemke und beklagte öffentlich den skandalösen Missstand, der über Fragen des angemessenen Dresscodes für den Schulbesuch weit hinausgehe. »Was am Strand oder in der Disco als sexy Outfit vielleicht angebracht ist, kann in der Schule nicht akzeptiert werden«, sagt Willi Lemke.

Und einiges andere im Übrigen auch nicht: dass Schüler ihren Schulleiter als »Hurensohn« beschimpften; dass Schulleiter sich Hilfe suchend an ihn wendeten, weil Schüler ihnen Prügel androhten; dass Lehrerinnen von ihren Schülern als »Nutte« tituliert würden; dass viele Schüler zu faul seien oder sich in ihren Bildungsstätten stärker dem Drogenhandel als dem Unterrichtsstoff widmeten. Natürlich rede er nicht über alle, betonte der Bildungssenator fairerweise noch, »aber schon über 20 bis 30 Prozent der Schüler«. Das Echo auf Lemkes Lamento kam prompt. Die Situation an den Schulen falle auf den Senator selbst zurück, retournierte der bildungspolitische Sprecher der CDU-Bürgerschaftsfraktion Claas Rohmeyer. Sie sei ein »Resultat der von den Sozialdemokraten bevorzugten Reformpädagogik«.

Urknall und Nachhall

Und schon blitzt in dieser Schau auf den Nabel wie ein keckes Piercing das Datum wieder auf, das immer dann genannt wird, wenn die Öffentlichkeit derzeit wieder um Jugend und Tugend debattiert: achtundsechzig und ja, die Achtundsechziger.

Hinter dem banalen Verstoß gegen die Kleiderordnung tut sich offenbar ein gähnender Abgrund auf, der mit dem Mangel an guten Manieren nur zart umschrieben ist. Pünktlichkeit, Achtung vor dem Nächsten, Ausredenlassen, korrektes Auftreten, Sauberkeit und das Grüßen sind Umgangsformen, an denen es vielen Kindern fehlt. Nicht nur CDU-Politiker führen immer wieder gerne die berühmt-berüchtigte Jahreszahl im Munde und schlagen den Bogen zu dem Thema, das seit beinahe zwei Jahren schon die Zeitungen füllt und die Elternabende lang werden lässt. Jürgen Schreier, der Bildungsminister im Saarland, sagt es so: »Seit 1968 sind Autorität und Respekt, Ordnung und Disziplin im Namen einer schrankenlosen Selbstverwirklichung als so genannte Sekundärtugenden des deutschen Untertanen verteufelt worden. Das soziale Klima an den Schulen und die Unterrichtsbedingungen sind deshalb fast so schlecht wie die PISA-Ergebnisse.«

Dass Bildung und Benimm irgendwie zusammengehören, munitioniert dabei als feste Überzeugung den öffentlich geführten Schlagabtausch, in dem die Schuld am schlechten Benehmen von Kindern und Jugendlichen ständig zwischen Lehrern, Eltern und Politikern hin- und hergeschoben wird. Jeweils die anderen sind es, die für bessere Manieren sorgen sollen. Die Schule erscheint schon deshalb als idealer Standort für eine neue Benimm-Lehre, weil man nirgendwo sonst und kaum jemals wieder so lückenlos Kinder und Heranwachsende erreicht. Bildungsminister können der Idee eines Benimm-Unterrichts aber auch deshalb eine Menge abgewinnen, weil sie über das Geschehen an den Orten bestimmen, wo Bildung und Benimm so medienwirksam aufeinander prallen – und an denen neuerdings so viel Kritik laut geworden ist. »In der Folge von TIMSS, PISA und IGLU wird jeden Tag eine neue Sau durchs Dorf getrieben. Die Kultusminister nutzen die Spielwiese der Kulturhoheit zur populistischen Profilierung«, spottet der Hamburger Erziehungswissenschaftler Peter Struck.

Allerdings versuchen alle Diskutanten des Spektrums, einen bestimmten Ruch zu vermeiden. Wenn der Benimm-Unterricht unter dem Deckmäntelchen moderner Werteerziehung, der Vermittlung sozialer Kompetenz und dergleichen lediglich einer altmodischen, vorgestrigen autoritären Disziplin Vorschub leistet, kann er kaum erfolgreich sein. Auch die Berufung auf eine moralische Verpflichtung, gegenüber dem Mitmenschen Anstand und Rücksicht zu beweisen, sich in Fairness und Selbstbeschränkung zu üben, zieht als Argument nicht mehr. Dazu sind die Vorbilder in Schule, Politik, Gesellschaft vielleicht auch zu schlecht.

Dass Werteerziehung doch irgendwie Not tue, beschreibt in etwa den kleinsten gemeinsamen Nenner der verschiedenen Positionen. Die Proklamationen sind allerdings ähnlich effektiv wie der Appell Michel Friedmans vor dem Jüdischen Weltkongress, dem Antisemitismus energisch Einhalt zu gebieten – die Adressaten des Aufrufs sind diejenigen, die eh schon Bescheid wissen. Fraglich ist auch, ob Benimm überhaupt lehrbarer Unterrichtsstoff sein kann. Sogar die besonders Engagierten unter den Lehrkräften melden da Skepsis an: Bekanntlich produziert der Deutschunterricht recht wenige Literaturliebhaber, ebenso gehen aus dem Religionsunterricht kaum Fromme hervor. Was darf man von einem Benimm-Unterricht erwarten, der sich noch nicht einmal auf das Althergebrachte, eine lebendige und für alle verbindliche Tradition des höflichen zwischenmenschlichen Umgangs berufen darf?

Gutes Benehmen diejenigen zu lehren, die es bisher gut entbehren konnten, braucht einen stärkeren Willen als die Absicht, überkommene Gepflogenheiten wieder in ihre alten Rechte einzusetzen. Denn predigt man Werte, Normen, Ver-

bote und einen Anstand, der nur der Institution Schule ent-
gegenkommt und der älteren Generation Freude bereitet,
wird der schulische Benimm-Unterricht nicht zu einer Er-
folgsstory werden.

Halbwertszeit der Höflichkeit

Nach allgemeiner Überzeugung liegt der Hund in den Jahren
um 1968 begraben. Der aktuell grassierende Regelverlust im
zwischenmenschlichen Bereich wurzele in den Unruhen, die
im Gefolge des magischen Datums 1968 das Althergebrachte
erschütterten. Viele glauben, dass eine besondere Art von
Werteverfall als Spätfolge des damals herrschenden Zeitgeistes
anzusehen sei, der vor allem mit der Ansicht von sich reden
machte, dass Autorität generell unter Misstrauensverdacht
gestellt gehört. Rief nicht sogar ein in den 70er Jahren sehr
bekannter Buchtitel unverblümt »Das Ende der Höflichkeit«
aus?

Quicklebendig sprudelt der antiautoritäre Furor bis heute.
»Höchste Alarmstufe«, ruft Hans-Detlev von Kirchbach aus.
»Die Herrschenden proklamieren wieder Zucht und Ordnung, Gehorsam und Disziplin«, warnt der 50-Jährige im
WDR-Internetforum zum Thema »Brauchen Schüler Nach-
hilfe in Benehmen?«. Er gibt einen »kleinen Rückblick für die
Nostalgiker der guten alten Werte: Derlei Androhungen waren vor allem in Deutschland regelmäßig der Vorlauf für Bar-
barei, gegen die jede Art schlechten Benehmens geradezu als
Abhilfe erscheint. Generationen gedrillter, gestriegelter, ge-
duckter Untertanen mussten nach Aufruf Meldung machen
und bereits beim Aufsagen des Abc die Hacken zusammen-
schlagen. Ein sklavisches Herrenvolk, dem mit Ohrfeige und
Rohrstock tadelloses Benehmen eingeprügelt worden war,
tobte sich in vorbildlicher Disziplin an fremden Völkern aus.
Diesen fortwährenden Ungeist dürfte noch jeder am eigenen

Leibe gespürt haben«, der wie der Autor selbst »in den 50er und frühen 60er Jahren irgendeiner Erziehungsgewalt ausgesetzt war. Ja, das waren noch Herrschafts-Zeiten, nach denen sich jene zurücksehnen, denen gegen die sozialen Verheerungen des Kapitalismus nur die alten Rezepte einfallen.«

Knicks und Diener sind seither passé, Gehorsam und der ehrerbietige Gruß gelten nicht mehr als cool – aber die wehe Bitte um ein bisschen mehr Rücksicht hier, ein paar verbindliche Regeln da ist Bestandteil nahezu aller Klagen geworden, die man täglich vernimmt. »Wir haben ja in der Folge von 1968 so ziemlich alles ausgeschüttet, was mit Riten oder Formen zu tun hatte, weil wir fanden, dass diese ein substanzloses Eigenleben führten. Die Folge ist aber, dass wir jetzt eine formlose Substanzlosigkeit haben«, meint Dietrich Lenzen, Erziehungswissenschaftler an der Freien Universität Berlin, durchaus selbstkritisch. Blöd auch, dass Worte wie Betragen, Benehmen und Anstand so merkwürdig antiquiert und nach von vorgestern klingen. Wo sie ausgesprochen werden, entsteht unweigerlich die Befürchtung, hier könnte Aufgesetztes, Drill, rein äußerliches Verhalten, von keiner inneren Überzeugung bedingtes Betragen gemeint sein – etwa im Sinne von geschicktem Angepasstsein, gewiefter Schleimerei oder gar einer Art Kadavergehorsam nach Untertanenart, wie ihn Hans-Detlev von Kirchbach befürchtet. Auch deshalb formulieren die Wortführer des guten Benehmens gern modern und werben lieber für einen »zivilisierten Umgang« oder »sozial kompetentes Verhalten«, während der vorangehenden Generation noch streng abverlangt wurde: »Benimm dich anständig! Sonst kannst du was erleben!«

Ohne Benimm geht die Bildung baden – auf den ersten Blick scheint der Zusammenhang unmittelbar einleuchtend: Wer seine Hausaufgaben nicht macht, lernt nichts. Wer den Lehrer nicht ausreden lässt, erfährt nicht, was der zu sagen hat. Genau so wirkt sich der Mangel an Kulturtechniken wie Pünktlichkeit, Zuverlässigkeit, Fleiß und Ordnung auf schulische Arbeitsergebnisse aus. Und knappe T-Shirts, auf denen Aufschriften wie »Zicke«, »Angel« oder »Sweetheart« glitzern, lenken die Aufmerksamkeit auf unterrichtsferne Themen. Ob man von einem Lehrer in ausgebeulten Jeans grundsätzlich weniger lernt als von einem im korrekten Anzug, mag dahingestellt bleiben. Doch die Kumpeltypen, die immer nur betroffen auf Regelverstöße reagieren und in Klassenkonferenzen dann über alles reden wollen, scheinen bei den Schülern weniger gut anzukommen als die strengen, unnachgiebigen Lehrer, die darauf bestehen, dass ihre Pappenheimer zur morgendlichen Begrüßung aufstehen, dass sie ihre Hausaufgaben erledigen, und die auch vor empfindlichen Strafen wie Klassenbucheinträgen, Tadeln und Elterngesprächen nicht zurückschrecken. Zu diesem Schluss kommt man jedenfalls, wenn man die Kinder fragt – sie finden die Strengen, aber Gerechten am besten.

Nach dem eklatant schlechten Abschneiden deutscher Schüler bei der PISA-Studie gelte es jetzt endlich, sich auf den Ernst der Schulaufgabe zurückzubesinnen, sagt auch Senator Willi Lemke. Mit »Freundlichkeit, Pünktlichkeit, Höflichkeit, gutes Benehmen und halbwegs sittliche Kleidung« beschreibt er ein schönes Ziel. Schüler- und Elternverbände halten mit Kritik an der Ästhetik der Lehrerkleidung dagegen. Schlabberpullis, Jesuslatschen, ausgeleierte Pullover und abgeschabte Cord-Ensembles seien ja wohl auch nicht gerade geeignet, dem Nachwuchs ein Vorbild für ordentliche Bekleidung zu geben. Vom Vorbild ordentlichen Benehmens ganz zu schweigen.

Benimm-Unterricht für Lehrer:
Warum eigentlich nicht?

Die Frage ist berechtigt: Warum sollen eigentlich immer nur die Schüler schuld sein, wenn es im Klassenraum drunter und drüber geht? »Mit solchen Vorschlägen wie einen Benimm-

Unterricht einzuführen, werden wieder einmal die Schüler zum Sündenbock gemacht«, kommentiert Annegrit Schulz, Sprecherin des Landeselternrates in Mecklenburg-Vorpommern, die Diskussion, »doch das ist eine sehr einfache Lösung.« Hans-Robert Metelmann, Schweriner Kultusminister, präzisiert gegenüber der ›Ostseezeitung‹: »Gutes Benehmen ist nicht das Einhalten von Verhaltensregeln, sondern ein Charakterzug. Weniger Bildung, eher Kinderstube, Herzensbildung« verlangt er. »Es ist die Frage, wie der Schulalltag gestaltet wird, ob die Lehrer ihre Vorbildfunktion wahrnehmen.«

Unpünktliche, kaugummikauende, schlampig gekleidete und unzuverlässige Lehrer, die grußlos durch Schulflure schlurfen und denen kaum je das Zauberwort über die Lippen kommt, wenn ein Kind ihnen sein Matheheft reicht; Lehrer, die die Ausführungen ihrer Schüler jederzeit rüde unterbrechen und nicht daran denken, sich für einen Ausrutscher zu entschuldigen, sondern genau wie ihre Vorgänger im Kaiserreich immer Recht haben ... Ja, das gibt es auch.

Eltern von Schulkindern haben solche Geschichten gleich dutzendweise parat. »Wer sich über das schlechte Benehmen der Schüler beschwert, muss auch über Benimm-Unterricht für Lehrer nachdenken«, fordert die saarländische CDU-Innenministerin Annegret Kramp-Karrenbauer in einem Interview mit der ›Bild-Zeitung‹ im September 2003. Schüler lernten durch Vorbilder, wie man höflich, fleißig und anständig angezogen auftrete. »Und da bieten manche Lehrer eher ein abschreckendes Beispiel«, gab die Ministerin zu bedenken. Ähnlich beurteilt auch der Hamburger Schulsenator Rudolf Lange die Lage. »Lehrer sein heißt Vorbild sein. Das gilt auch für Auftreten und Äußeres«, sagt der FDP-Politiker. Seine Behörde bemühe sich bereits, dies den Lehrern zu vermitteln. Wie man sich das genau vorstellen muss, war bei Redaktionsschluss noch nicht zu erfahren.

Umgangsformen häppchenweise gereicht

Ach, die Werte. Ein Nabel ist ein Nabel ist ein Nabel. Manchmal ein Stein des Anstoßes, manchmal die Spitze des Eisberges – die bedrohliche Masse aus verschlampten Sitten liegt darunter. Sie firmiert unter dem populären Sammelbegriff »Verfall der guten Schulsitten«. Mit diesem Schlagwort erweiterte der saarländische Bildungsminister Jürgen Schreier die Debatte um den blanken Bauchnabel und kündigte eine Initiative an, die unter dem Motto »Aller Anstand ist schwer« das »Ende der Unhöflichkeit« einläuten soll. »Zu einer guten Bildung gehören Anstand und Benehmen ebenso wie Wissen und Können«, sagt Schreier und findet, dass es »an der Zeit ist, diese Selbstverständlichkeit wieder deutlich ins Bewusstsein zu rücken«.

In seinen einleitenden Worten zur Materialsammlung, die das saarländische Bildungsministerium für Schulen und Ausbildungszentren bereithält, erweitert Jürgen Schreier die Kampfzone noch einmal. Nicht nur für die Bildung sei Benimm wichtig, sondern auch für die – wenn alles gut geht – eines Tages beginnende Berufstätigkeit der Kinder von heute sei ein soziales Verhalten hilfreich: »Nicht zuletzt im späteren Berufsleben wird von den jungen Menschen neben Fachkenntnissen zu Recht ein angemessenes Verhalten erwartet.«

Toleranz und Respekt, aber auch ein rücksichtsvolles Umgehen miteinander sind wichtig, erfreulich und einem guten Zusammenleben zuträglich. Doch in der heutigen Dienstleistungsgesellschaft spricht noch zusätzlich das Argument des materiellen Anreizes für das Wohlverhalten – oder muss man vielmehr sagen, es droht im Falle schlechten Benehmens ein Bewerbungsnachteil auf der Suche nach einem Ausbildungsplatz? Mit dieser Begründung soll die Schule nun ihren Erziehungsauftrag wahrnehmen und die Kinder mit dem ausstatten, was sie fürs spätere Leben brauchen: Anstand.

Es ist angerichtet ...

Mit seiner Initiative »respekt & co« rennt Jürgen Schreier offene Türen ein. Die überwiegende Mehrheit der Deutschen findet es nach einer Umfrage des Meinungsforschungsinstitutes Infratest dimap richtig, an den Schulen Benimm-Unterricht einzuführen. 77 Prozent der Befragten wären damit einverstanden, wenn an den Schulen gutes Benehmen, Höflichkeit und Ordnung vermittelt würden.

Auch Wirtschaftsvertreter haben Schreiers Initiative begrüßt. Aus Sicht der Betriebe applaudierte Dieter Hundt, Präsident der Bundesvereinigung der Arbeitgeberverbände, es sei höchste Zeit, dass etwas gegen den Erziehungsnotstand unternommen und die Vermittlung von Werten in den Unterricht integriert werde. Doch ihm gehe es nicht darum, dass montags in der dritten Stunde Anstand gelehrt werde, sagte Bildungsminister Schreier, der früher selbst einmal Lehrer war, dem Nachrichtenmagazin ›Der Spiegel‹. Vielmehr sollten bestimmte Benimm-Bausteine »immer wieder in den Unterricht eingestreut werden«. Die Spielregeln für ein zivilisiertes Miteinander, portionsweise und nach aktuellem Bedarf vermittelbar, sollen ad libitum gereicht werden – das heißt nach Ermessen der Erzieher und nur dann, wenn die Situation es erfordert.

Lehrer, Erzieher und natürlich auch Eltern sollten jede sich bietende Gelegenheit nutzen, eine »zeitgemäße Werte- und Verhaltenserziehung« zu betreiben, fordert Jürgen Schreier. Seit dem Frühjahr 2004 können Lehrer ihren Unterricht mit Beispielen aus dem saarländischen Handbuch bereichern. Aber auch Ausbilder oder Eltern können ihre sachliche Argumentation dank der umfangreichen Materialsammlung mit Fakten und einleuchtenden Erklärungen polstern und so auch den mauligen Fragern unter dem Nachwuchs (Warum muss ich den Nachbarn grüßen, obwohl ich ihn nicht leiden kann? Warum soll ich im Bus meinen Platz frei machen, wenn ich doch selbst so müde bin?) Paroli bieten. Unter www.aktion-respekt.saarland.de finden Interessierte das komplette Handbuch zum Download. In schlichten Sätzen werden zu jedem Baustein Begründungen geliefert, auf die man zurückgreifen kann, wenn das Kind schon wieder maulfaul, verstockt und starren Blickes am Nachbarn vorbeigelaufen ist. »Wenn ich jemanden grüße, zeige ich ihm, dass ich ihn respektiere und achte. Wenn ich jemanden nicht grüße, zeige ich ihm, dass er Luft für mich ist – und wer will schon Luft für andere sein?«

Erstellt hat das Kompendium eine Kommission aus Lehrern, Schulleitern, Eltern, Schülern und anderen Fachleuten aus den Bereichen Erziehung, Wirtschaft und Gewaltprävention. Die einzelnen Benimm-Bausteine tragen Überschriften wie »Miteinander reden«, »Miteinander umgehen«, »Mein und Dein«, »Verhalten in der Öffentlichkeit« oder »Übergang ins Berufsleben«. Ein Kapitel über Bauchnabelfreiheit, knappe T-Shirts und Hängehosen sucht man jedoch vergeblich. Aber das hat Bildungsminister Jürgen Schreier auch gar nicht versprochen. Er hat ja gleich gesagt: »Es geht überhaupt nicht um den freien Bauchnabel.«

Einer der Protagonisten der virtuellen Loseblattsammlung aus Text und Test, Cartoon und Hörbeispielen ist ein Junge namens Max, der Dinge wie Bitte sagen eigentlich für überflüssig hält. Er denkt: »Bitte sagen ist doch was für Streber! Voll uncool! Warum sollte man so vornehm daherquatschen und immerzu Bitte sagen? Ich kriege auch so alles, was ich brauche!« Seine Freundin Lena, die sich durch alle Module hinweg durch einen gewissen Informationsvorsprung in Sachen Etikette auszeichnet, sieht das anders. »Sie macht einen Test mit Max, um ihrem Freund zu zeigen, wie man um etwas bittet, ohne andere herumzukommandieren.« Was also sagt man, lieber Max, wenn man sich von einem Banknachbarn einen Stift borgen will? Vier Antwortmöglichkeiten stehen zur Auswahl: »Gib mir bitte mal den Stift!« oder »Stift her!« oder »Kann ich bitte mal den Stift haben?« oder »Kann ich mal den Stift haben?«. Wir wissen nicht, wie Max entschieden hat. Doch auf den Internetseiten der Aktion Respekt werden wir bald nachlesen können, was die Maxe und Lenas in unserem Land mit den Benimm-Bausteinen anfangen konnten. Die Seite »Rücklauf« ist derzeit noch im Aufbau.

Sicher, man muss sich darauf einlassen können – doch die schlichte Urgewalt einfacher Sätze könnte durchaus Eindruck machen. »Wenn alle durcheinander reden, versteht keiner etwas, und alle verschwenden ihre Zeit. Wer aufmerksam zuhört, zeigt seinem Gesprächspartner, dass er ihn ernst nimmt und seine Meinung respektiert. Wenn wir wollen, dass man uns zuhört, müssen wir das auch bei anderen tun.«

Von Disziplin und Respekt erwarten die Initiatoren, dass sie das Lernklima verbessern. Dadurch kann dann die Empfindungsfähigkeit für Meinungen und Gefühle anderer trainiert werden. Wer den Stoff des Benimm-Bausatzes draufhat, weiß zumindest theoretisch, wie man sich benimmt. Mit der Schulinitiative hat sich das Saarland jedenfalls in die Vorbild-Position katapultiert. »Die Jugend soll wieder ernsthaft werden und sich gegenüber anderen anständig benehmen«, fordert die CDU-Bildungsexpertin Katharina Reiche. Die Union will an den Schulen bundesweit Benimm-Unterricht einführen.

Auch eine Antwort:
Bildungs- und Erziehungsverträge

Benimm-Unterricht an der Schule? »Davon halte ich überhaupt nichts!«, ruft Jens Großpietsch, Schulleiter der Berliner Heinrich-von-Stephan-Oberschule, einer integrierten Haupt- und Realschule in Berlin-Moabit. »Der Klassenrat, auf dem einmal in der Woche alle auftauchenden Konflikte besprochen werden, das ist unser Benimm-Unterricht! Da wird ausgehandelt, wie man sich verhält und wie eben nicht!«

Und dann kann er aber doch nicht an sich halten und poltert los. Da ist offenbar ein Mann bei einem Lieblingsthema angekommen: »Das ist schon wieder so ein typisch deutscher Reflex: Alles, was nicht richtig läuft, muss sofort zum Unterrichtsfach werden.« Seit Jahrzehnten könne man das beobachten: Verkehrserziehung, Sexualkunde, Suchtprävention, Nichtraucher- oder Anti-Aids-Kampagnen seien nur einige Beispiele dafür, dass große gesellschaftliche Schieflagen und Probleme im Handumdrehen als Stoff neuer Unterrichtsfächer auf dem Stundenplan stehen.

So ganz Unrecht hat er nicht. Im letzten Jahr geisterten alarmierende Zahlen über die Verschuldung von heranwachsenden Handybesitzern durch die Medien; prompt wurden Stimmen laut, die Unterrichtseinheiten über wirtschaftliche Grundzusammenhänge im Allgemeinen und die Basics des Ausgabenmanagements im Besonderen forderten. Neuerdings wird das Übergewicht der Schulkinder beklagt – und natürlich gleich ein neues Fach verlangt: Ernährungslehre, verbindlich für alle.

Alter Wein in neuen Schläuchen

Das Ansinnen, bestimmte Spielregeln für angemessenes Verhalten in den Unterrichtsstoff zu übernehmen, bringt nicht nur Jens Großpietsch auf die Palme. Josef Kraus, der Präsident des Deutschen Lehrerverbandes, sitzt auch schon obendrauf: »Erst wird Erziehung dreißig Jahre lang als repressiv diskreditiert; dann entdeckt die Bildungspolitik, dass das falsch war und dass man Erziehung ab sofort bis hin zur Vermittlung simpler Benimm-Regeln zur Staatsaufgabe machen müsse.« In Sachen Anstand ein eigenes Unterrichtsfach oder eigene curriculare Bausteine einführen zu müssen würde bedeuten, »Selbstverständlichkeiten zu Innovationen aufzublasen«. Ist es etwa nicht der Alltagsjob von Lehrern, an Schulen Spielregeln zu vermitteln? Täglich tun das Hunderttausende von Lehrern in Millionen von Unterrichtsstunden. Warum also nicht einfach den Lehrern den Rücken so stärken, dass sie auch erziehen können und Sanktionen verhängen dürfen? Josef Kraus sieht in dem Vorschlag, ein eigenes Schulfach für Benehmen und Anstand einzuführen, »die schlagzeilenträchtige Show-Veranstaltung eines schulischen Benimm-Faches«, nichts als »Gefälligkeitspolitik gegenüber manchen selbstherrlichen Eltern – aus welchen populistischen Gründen auch immer«.

Eine vielsagende Ausnahme von diesem automatischen Reflex, typisch deutsch oder nicht, nach einem Fach zu rufen, sobald ein Missstand publik wird, fällt Jens Großpietsch allerdings auch ein: »Als es um Gewalt in der Schule ging«, sagt er, »da haben alle ziemlich schnell gemerkt, dass das etwas mit dem Binnenverhältnis zu tun hat und man mit bloßem Unterricht in Friedfertigkeit nicht weiterkommt.« Ähnlich sieht er den Fall des schulischen Benimm-Unterrichts. Der Schulleiter findet schon den Gedanken absurd, »so etwas Ganzheitliches wie eine Haltung als Unterrichtsfach« verwirklichen zu wollen. »Es ist eine Sache der Atmosphäre«, betont er, »und die ist hier gut. Die Schüler und die Putzfrau schreiben sich Postkarten in den Ferien. Es wird gegrüßt. Hier sagt jeder Guten Morgen. Und im Kiosk unten im Hof«, setzt er triumphierend hinzu, »da läuft ohne Bitte gar nichts. Wenn da einer etwas verlangt, ohne Bitte zu sagen, wird er nicht bedient.« Das wirkt – ganz ohne pädagogisches Zutun. »Wenn da einer vorne steht und es vergessen hat, brüllen ihm die anderen in der Schlange schon zu, woran es hapert.«

Auf das Klima kommt es an

An dieser Schule wird seit Jahren auf gutes Benehmen, Pünktlichkeit und Ordnung geachtet – gerade weil die Klientel nicht einfach ist. Viele Schüler kommen aus sozial schwachen Verhältnissen, die meisten stammen aus Familien, in denen mindestens einer arbeitslos ist. »Da gibt es Eltern, die seit Jahren nicht rausgegangen sind, um zu arbeiten. Die können kaum Termine einhalten, die leben in so einer Zeitsoße«, sagt Klassenlehrerin Karin Jäger, »die können auch ihren Kindern kaum vermitteln, was Pünktlichkeit ist.« Jeder zweite Schüler ist nichtdeutscher Herkunft, viele können auch nach sechs Jahren Grundschule, die sie bereits hinter sich haben, wenn sie hier anfangen, Deutsch weder fehlerfrei sprechen noch schreiben. Na und? Jens Großpietsch mag keine künstliche Aufregung über die ach so schlimmen Verhältnisse, obwohl auch er eingesteht: »Bildungsvorbilder gibt es kaum.«

Das Motto für seinen nüchternen Optimismus kann jeder Besucher an seiner Tür nachlesen: »Es hat keinen Sinn zu sagen: Alles ist schlecht«, steht da. Und weiter: »Die wirkliche Frage ist: Was können wir tun, um es vielleicht nur ein kleines bisschen besser zu machen? Das ist natürlich eine Einstellung, die den Pessimismus ausschließt.«

Sicher wird auch hier im täglichen Umgang miteinander dies und das geübt. So müssen sich zum Beispiel kranke

41

Kinder selbst krankmelden. »Das ist ein gewisses Risiko«, räumt Karin Jäger ein, »weil sie so ja auch einfach schwänzen könnten.« Doch inzwischen klappt das ganz gut: Kranke Kinder rufen im Sekretariat an und müssen immerhin sagen: Ich bin der und der, habe das und das, würden Sie bitte meinen Klassenlehrer darüber informieren, dass ich heute ...

»Allein das zu sagen, fällt manchen ganz schön schwer«, sagt Karin Jäger. »Anfangs hatten wir das sehr oft, dass einer anruft und sagt: ›Ich bin krank‹ – und gleich wieder auflegt.« Solche kleinen, aber wichtigen Rituale zu beherrschen, lernen die Kinder. »Doch im Grunde gehen hier die Lehrer davon aus, dass die Schüler schon wissen, wie man miteinander umgeht und wie nicht«, sagt Karin Jäger mit großer Ruhe. Die Heinrich-von-Stephan-Oberschule ist heute eine der wenigen Schulen, an denen man eine Antwort auf die Frage bekommt, wie man Schüler unterrichtet, die oft schon in der Grundschule für nicht schulfähig gehalten wurden und entsprechend frustriert in der Haupt- und Realschule ankommen.

Zu den kleinen Schritten, mit denen jeder große Weg beginnt, gehören ein paar ganz profane Dinge wie morgendliche Materialkontrollen im Unterricht, Schul- und Klassenregeln, aber auch die regelmäßige Einbeziehung der Eltern durch wöchentliche Briefe über die Fortschritte der Kinder, Gespräche und vierteljährliche Rückmeldungen über den jeweils erreichten Leistungsstand.

Rücksicht, Regeln, Rituale: Wir arbeiten dran

Do's und Don'ts für den Schulalltag sind jedem Schüler von Anfang an klar. »Bei uns sind diese Dinge als Standard schriftlich formuliert«, sagt Jens Großpietsch über seine integrierte Haupt- und Realschule. Zu den Regeln gehört unter anderem, dass Schüler und Lehrer einander grüßen, dass sie Bitte und

Danke sagen, Kaugummis nur in der Pause gekaut werden und die Handys zu Hause bleiben. »Das klären wir schon beim Aufnahmegespräch vor der siebten Klasse mit den Eltern«, sagt er. »Wer das nicht akzeptiert, für den sind wir nicht die richtige Schule.« Die meisten Eltern fänden das ganz gut. »Doch, doch, die Eltern nehmen das schon an, wenn man ihnen klar zu machen versucht, dass es ihre Pflicht ist, sich um die Kinder zu kümmern«, betont auch Karin Jäger, die zusammen mit Jens Großpietsch eine siebte Klasse leitet. Überhaupt zählt die Klassenlehrerschaft im Doppelpack zu den größten Pluspunkten der Schule. Nur so sei Zeit genug, guten wie schlechten Schülern individuell zur Seite zu stehen, meint Karin Jäger und will die Frage der Umgangsformen dabei durchaus nicht aussparen. »Da sehen die Kinder auch, wie Erwachsene miteinander umgehen und sich eben nicht beschimpfen, sondern sagen: ›Entschuldigung, da bin ich aber anderer Meinung.‹ Und dann wird eben diskutiert.« Viele Kinder lebten mit nur einem Elternteil allein, gibt die Lehrerin zu bedenken, »die kriegen gar nicht mehr mit, wie man sich erwachsen mit einem Gegenüber auseinander setzen kann, ohne sich gleich hart anzugehen. Beim Wandertag haben sie uns beide mal gefragt, wann wir denn eigentlich streiten«, lacht sie.

Die Schule habe durchaus eine Bringschuld, die über strenge Wissensvermittlung hinausgehe. Auch über Erziehungsprobleme haben die Lehrer viel mit den Eltern gesprochen. Regelmäßiges Taschengeld, verbindliche Heimkehrzeiten oder die Frage, ob man einen 13-Jährigen zu Hause seinen Joint basteln lassen dürfe, sind Dauerbrenner auf den Elternabenden. »Doch inzwischen diskutieren endlich die Eltern untereinander diese Themen. Das unterstützen wir sehr«, sagt Karin Jäger.

Freilich gäben Eltern ihre Erziehungsarbeit am liebsten an die Schule ab, meint Jens Großpietsch und setzt mit Verschwörermiene hinzu: »Das kann man ja auch ganz gut ver-

43

stehen«, und da lacht er breit, »wenn man selbst Kinder hat.«
Doch gleich darauf wird er wieder ernst. »Aber einfach
Kinder in die Welt setzen und sich dann nicht um sie kümmern, das läuft nicht.« Oder jedenfalls sollte es nicht so
laufen, ergänzt er nachdenklich. »Wir haben bei unseren
Schülern eine Umfrage gemacht: Die Hälfte von ihnen spricht
niemals zu Hause über die Schule, und die Eltern fragen auch
nicht.«

Wichtig finden beide für den Alltag, »aus dieser Vorwurfshaltung herauszukommen«. Sobald in der Schule ein Konflikt
auftaucht, treten die Eltern mit einem Vorwurf an die Schule
heran. Aber wenn die Lehrer schließlich die Eltern zu einem
Gespräch in die Schule bitten, »kommen die hier blass an«,
sagt Jens Großpietsch. Ein Termin beim Lehrer, das kann ja
nichts Gutes bedeuten! Kein Wunder, findet der Schulleiter:
»Das ist normal, wenn man nur negative Rückmeldungen von
der Schule bekommt. Und es ist so falsch! Wir versuchen auch
das Positive herauszustreichen: Ihr Sohn hat sich prima entwickelt. Weiter so!«

Brücken zwischen Elternhaus und Schulhof bauen: Verträge verbinden

Um die Eltern zu bestärken, muss man sie natürlich erst
einmal in die Schule kriegen. »Man muss Eltern, Lehrer und
Schüler in ein Boot holen«, betont der Schulleiter. Keine
leichte Übung, selbst für alte Hasen in der Pädagogenzunft
ist die Aufgabe immer wieder aufs Neue schwierig. »Klar
geben die Eltern ihre Kinder in der Schule ab und sagen zu
den Lehrern, so, nun seht mal zu, wie ihr mit denen fertig
werdet«, seufzt Jens Großpietsch. »Die Lehrer sagen dann:
Ganz unmöglich, wenn ihr die Kinder die ganze Nacht vor
der Glotze hängen lasst, können wir auch nichts ausrichten.«
Die Eltern würden eben ihre Sache machen, die Lehrer ihre

eigene, und dazwischen gäbe es kaum Verbindungen – die müsse man immer wieder von neuem stiften, sagt der Schulleiter.

Zum Beispiel so: Seit einem Jahr schließen hier Schüler, Eltern und Lehrer ganz persönliche Verträge über Bildungs- und Erziehungsziele miteinander ab. Jede Seite verpflichtet sich zu einer bestimmten Anstrengung: Die Kinder versprechen bestimmte Leistungen zu erbringen und Regeln einzuhalten (etwa in Mathe und Deutsch achtmal melden) und anderes zu unterlassen (wie während des Unterrichts mit dem Nachbarn quatschen). Die Eltern unterschreiben beispielsweise, dass sie darauf achten werden, ihre Kinder pünktlich und regelmäßig zur Schule zu schicken, jeden Tag fünf Minuten Kopfrechnen mit ihrem Kind zu üben, spätestens bis Sonntag die wöchentliche Rückmeldung der Schule unterschrieben zu haben, sich täglich die Hausaufgaben vorlegen zu lassen, ein Gedicht abzuhören oder dafür zu sorgen, dass ein vereinbartes Maß an Fernsehkonsum nicht überschritten wird. »Je kleinteiliger diese Vereinbarungen formuliert sind«, sagt Jens Großpietsch, »desto besser.« Bei Cem zum Beispiel, der am Ende zum »Aufsteiger des Halbjahres« gekürt und mit einer Urkunde vor der Klasse geehrt wurde, war das so: Die Absprache zwischen Cem, seiner Mutter und der Lehrerin Karin Jäger betraf die Deutsch-Hausaufgaben und die Schulsachen. »Cem packt am Vorabend seine Schultasche, er bringt nur das Material mit zur Schule, das er braucht« – dazu hat sich Cem verpflichtet. Mit seiner Mutter wurde vereinbart: »Frau Cinar unterschreibt die Hausaufgabenzensur für die Deutsch-Lernkartei.« Das war alles – und es hat ganz gut geklappt. Das liegt auch daran, dass Schüler freiwillig eingegangene Selbstverpflichtungen eher einhalten als Anordnungen – das belegt nicht nur die unmittelbare Lebenserfahrung, sondern auch zahlreiche Studien, die sich mit den Erfolgen englischer oder skandinavischer Schulen befassen. In den Ländern der PISA-Sieger gehören Bildungs- und Erziehungsverträge seit Jahren zum Alltag. Auch deshalb verpufften die vierzehn Punkte des Kontraktes, den Lehrer Witte von Eltern und Schülern unterzeichnen ließ, bevor er dann mit echtem Benimm-Unterricht zur Tat schritt. Eine Art Schulordnung, deren Kenntnisnahme per Unterschrift bestätigt wird, ist etwas ganz Anderes als ein echter Vertrag zwischen Partnern, in dem beide verbindlich und individuell aushandeln, was drinstehen soll und was geschieht, wenn einer seinen Teil nicht erfüllt.

Diese Art der Vereinbarung ist keine Einbahnstraße. Deshalb dürfen die Schüler auch Einspruch erheben, wenn ihnen bestimmte Ziele als zu hoch gesteckt erscheinen. »Zehnmal melden in Deutsch und Mathe«, das war Jasin zu viel. »Achtmal melden, darüber eine Strichliste führen«, so sah der Kompromiss aus, den Jasin sich zugetraut hat, und, ach ja, »ein Buch lesen« kam auch noch dazu. Dafür hat er dann aber fünf Wochen Zeit.

Unzählige Geschichten könnte Schulleiter Großpietsch erzählen – kleine und kleinste Erfolgsstorys aus dem weiten Feld, das von den Ecksteinen Pünktlichkeit, Fleiß, Ordnung und Mitarbeit abgesteckt wird. Jens Großpietsch hat sie alle im Laptop gespeichert – knappe, kurze Vereinbarungen mit den Siebtklässlern, die er unterrichtet. Die Ziele werden ganz detailliert und so passgenau wie möglich benannt. Nach einer Zeit, die vorher vereinbart wurde, ziehen Schüler und Lehrer, manchmal mit Eltern, Bilanz. »Wenn von fünf Punkten zwei geschafft sind, ist das ein Erfolg«, betonen Jens Großpietsch und Karin Jäger. Vordergründig geht es ums Melden, um Karteikarten und Kopfrechnen, doch eigentlich ist das Ziel ein Verhalten, das dem Lernen zuträglich ist und Lernfortschritten auf den Weg hilft – eine bestimmte wünschenswerte Arbeitshaltung. Man könnte auch sagen, es geht um die so genannten Sekundärtugenden, die einst im Verdacht standen, die Selbstentfaltung, Kreativität und Spontaneität des Kindes zu unterdrücken.

Ordnung, Mitarbeit, Fleiß und Betragen

Den Älteren ist das Verfahren noch unter dem Titel Kopfnoten bekannt – diese hießen so, weil sie oben, am Kopf jedes
Zeugnisses auftauchten und als Bewertung sittlichen Betra-
gens der Auskunft über die Leistung vorangingen. Mit der
Begründung, es sei die Aufgabe der Schule, Leistungen, nicht
aber Charaktere zu bewerten, wurden die Kopfnoten in Nie-
dersachsen vor rund dreißig Jahren abgeschafft. Erziehung
habe im Elternhaus stattzufinden, hieß es damals, die Schulen
sähen ihre Aufgabe in der Vermittlung von Wissen. Jetzt
sollen die Kopfnoten in einigen Bundesländern wieder eingeführt werden; werden die der Schule übergebenen Charaktere
nun doch wieder ein bisschen mitbewertet? Es scheint fast so:
Schüler in Bayern, dem Saarland und Baden-Württemberg,
Sachsen und Hessen bekommen bereits Noten für »Verhalten
und Mitarbeit«, »Ordnung, Mitarbeit, Fleiß und Betragen«
oder, modern gesprochen, »Arbeits- und Sozialverhalten«.
Rheinland-Pfalz hat die Kopfnoten nie abgeschafft, Berlin,
Hamburg, Bremen und Nordrhein-Westfalen lehnen die Wie-
dereinführung bislang ab. Einigkeit herrscht zwar weitgehend
darüber, dass die Leistungen in der Schule nichts mit Anstand
und Sitte zu tun haben und Noten in Sachen sozialer Kompetenz nicht über die berufliche Laufbahn entscheiden. Doch
der PISA-Schrecken erlaubt auch den Schluss, dass Selbstdisziplin und Fleiß durchaus leistungssteigernd wirken und der
Faktor »Pünktlichkeit« schon den Start ins Berufsleben prägt:
»Mit sechzehn müssen sie kapiert haben, wie wichtig Pünktlichkeit ist«, sagt Jens Großpietsch. »Wenn in dem Zeugnis,
mit dem sie sich irgendwo um einen Ausbildungsplatz bewer-
ben, drei Mal ›verspätet‹ und dann auch noch ›unentschuldigt‹
steht, legen potentielle Arbeitgeber das Zeugnis gleich wieder
weg«, fasst er seine Erfahrungen zusammen, »selbst wenn der
Rest voller Einsen ist.« Deshalb ist die Bilanz seiner siebten
Klasse, die er soeben in die großen Ferien verabschiedet hat,

gar nicht genug zu loben: »Von dreiundzwanzig Schülern haben sechs unten, wo die Verspätungen stehen, alles Nullen.«

Schlechtes Benehmen beziehungsweise die Unmenge an wertvoller Unterrichtszeit, die Lehrer auf die Herstellung von Ruhe und einem Minimum an Arbeitsatmosphäre verwenden, blockiert den Lernfortschritt – eine schlichte Erkenntnis, die dazu geführt hat, dass Sachsen als erstes Bundesland vor drei Jahren wieder damit begonnen hat, Noten fürs Verhalten ins Zeugnis zu schreiben. An die neuen Kopfnoten knüpfen sich große Erwartungen. Dass die »viel gescholtenen Sekundärtugenden wie Pünktlichkeit, Zuverlässigkeit und Ehrlichkeit unabdingbar für den Umgang miteinander« seien, betont der Präsident der Bundesvereinigung der Arbeitgeberverbände Dieter Hundt. Er wünscht sich dringend eine überarbeitete Form der Kopfnote. »Kopfnoten mit modernen Bewertungsmaßstäben« möchte er in den Abschlusszeugnissen der Azubis wieder sehen und schlägt vor, die in Betrieben üblichen Mitarbeiterbeurteilungen als Vorbild zu nehmen.

Qualitätsmanagement im Schulbetrieb?

Arbeitgeberverbände nennen Pünktlichkeit, Zuverlässigkeit, Arbeitseinsatz und Teamfähigkeit als zentrale Kompetenzen, über die die Zeugnisse der Bewerber bislang zu wenig Aufschluss gewähren. Handwerkskammern weisen darauf hin, dass eine Beurteilung der sozialen Fähigkeiten wie Ordnung, Fleiß und Betragen den Unternehmen die Auswahl von Auszubildenden erleichtern würde. Jugendliche, so heißt es, müssten sich nicht nur fachlich, sondern auch charakterlich eignen. Schwache Gegenwehr blinkt hier und da bei der Gewerkschaft Erziehung und Wissenschaft auf. Deren niedersächsischer Vorsitzender Torsten Post monierte, bei Kopfnoten gehe es um »Zwang zu Wohlverhalten, Erzeugung von Duckmäusertum und Dressur«. Er findet, die Disziplinierung der Schüler mit Verhaltensnoten sei »ein Rückfall ins pädagogische Mittelalter«. Ganz falsch, meint der Deutsche Philologen-Verband. »Diese Beurteilungen fordern und ermöglichen eine deutliche Rückmeldung der Lehrer und sind zugleich eine gute Grundlage für entsprechende Gespräche mit Schülern und ihren Eltern.« Dort, wo Kopfnoten neu oder wieder eingeführt würden, verbesserten sie die Erziehungsarbeit an den Schulen – genau wie Bildungs- und Erziehungsverträge, die diesen Gedanken der gemeinsamen Aufgabe von Lehrern und Eltern noch einen Schritt weiterführen.

Eltern und Lehrer sind zwar keine gleichberechtigten Erziehungspartner, doch in der engen Zusammenarbeit von Eltern und Lehrern sehen viele den Schlüssel zum Erfolg. Bildungs- und Erziehungsvereinbarungen verstärken den Austausch zwischen Eltern, Lehrern und Schülern und sind zumindest eine brauchbare Antwort auf die aktuellen Mängellagen. In den letzten Jahren haben etliche Eltern und Lehrer an Schulen in Deutschland solche Vereinbarungen getroffen. In Hessen hat beispielsweise das Kultusministerium mit der Landeselternvertretung in der »Wiesbadener Erklärung« den Abschluss solcher Erziehungsverträge angeregt und unterstützt entsprechende Initiativen. In Nordrhein-Westfalen gibt es ein »Bündnis für Erziehung«. In Brandenburg kommt ein »Bündnis für Bildung und Erziehung«, das Bildungsminister Steffen Reiche mit der Landeselternvertretung beschlossen hat, zu dem Befund, dass die »gegenseitige Unterstützung bei der Erziehung und Bildung von Kindern sowohl von der Schule als auch von den Eltern unzureichend wahrgenommen wird«. Das Bündnis regt an, die Zusammenarbeit aller Beteiligten über Erziehungsverträge zu verbessern, die Eltern und Schüler auf freiwilliger Basis miteinander aushandeln sollen. In diesen Verträgen können unter anderem solche Aspekte geklärt werden:

- Die Erwartungen von Eltern und Lehrern an die jeweils andere Seite
- Gemeinsame Erziehungsziele
- Die Verpflichtung zur Erziehung der Schülerinnen und Schüler, die Lehrer und Eltern eingehen
- Die Möglichkeiten der Intervention, wenn einer der Vertragspartner wortbrüchig wird

Den Knackpunkt der Erziehungs- und Bildungsverträge, die mittlerweile an zahlreichen Schulen abgeschlossen werden, beschreibt Schulleiter Großpietsch am Beispiel seiner Schule so: »Die meisten Kinder kennen so etwas wie eine feste Vereinbarung von zu Hause aus gar nicht. Sie wissen aber längst, dass Erwachsene und besonders Eltern immer zwischen großen Versprechungen und großen Drohungen hin und her springen, und am Ende trifft weder das eine noch das andere ein. Also müssen sie genau das erst einmal lernen: den klaren, genauen Weg vom Wenn zum Dann.«

Deswegen gebe es auch Sanktionen: den Klassenraum fegen, die Bücherei aufräumen. Die Höchststrafe? Der Schulleiter lacht. »Ein Buch lesen.« Vor allem die schnelle Rückmeldung sei wichtig. Bisher habe man ein Vierteljahr verstreichen lassen, bis die Vereinbarung überprüft wurde. Das soll im nächsten Schuljahr besser werden. Je nach Schüler müsse man da ganz genau hinschauen: Vierzehn Tage, nicht viel länger dürfe es dauern, bis kontrolliert wird, ob die Beteiligten ihrer Verpflichtung nachkommen. Karin Jäger ergänzt mit vielsagendem Zwinkern: »Außerdem werden wir die Verträge in Folie einschweißen und auf die Tische kleben.«

»Im letzten Schuljahr waren unsere Vereinbarungen noch immer zu umfangreich«, zieht Großpietsch Bilanz. »Werde ein besserer Mensch!«, nennt er ein Beispiel, »so etwas verpufft.« Doch auch konkretere Forderungen haben ihre Tücken. »Lies jeden Tag einen Artikel aus der Tageszeitung und berichte deinen Eltern den Inhalt genau.« Selbstredend müssten die Eltern sich dann auch verpflichten, den Bericht ihres Kindes anzuhören. Und das sei ja keineswegs selbstverständlich, bemerkt er und richtet die Augen gen Himmel.

Im Grunde seien die Vereinbarungen nicht mehr als eine möglichst genaue Vorschlagsliste, die festhält, was bleiben und was anders werden soll. Nach kurzer Zeit müsse man das überprüfen, und Sanktionen sollen natürlich auch dahinter stehen – keine harten, doch unangenehme. »Wir wollen ja mit den Schülern über ihr Lernen ins Gespräch kommen«, betont Großpietsch. Deshalb sei auch ihr Verhalten sehr selten direkt Inhalt dieser Vereinbarungen. »So was lässt sich über einen Vertrag doch nicht ändern«, meint der Schulleiter und schüttelt den Kopf. »Stellen Sie sich das mal unter Erwachsenen vor, das würden Sie doch auch nicht annehmen!« Es gehe vor allem um die Vermittlung von Basiskompetenzen des Lernens. Alles sei darauf ausgerichtet, den Schülern Dinge beizubringen, ohne die zu beherrschen sie die Schule nicht verlassen sollten: Lesen, Schreiben, Rechnen. Und genau dafür bräuchten sie eine gewisse Haltung. »Die Gewöhnung an Regelmäßigkeit und Zuverlässigkeit« nennt Karin Jäger als ein übergeordnetes Ziel für eine entsprechende Vereinbarung. Diese »kann man auf viele Arten anregen.« Dabei dürfen außerschulische Bereiche durchaus mitbedacht werden: »Also, regelmäßig Hausaufgaben erledigen, und wenn nicht, dann muss das Kind zu Hause das Katzenklo sauber machen.«

Auch um das Erlernen von Verantwortung drehen sich manche Vereinbarungen: Ein türkischer Junge hat sich nicht nur zu fünf Minuten Kopfrechnen an fünf Tagen der Woche verpflichtet, sondern auch dazu, einmal wöchentlich für die Familie den Einkauf zu erledigen. »Eine Pflicht übernehmen und erfüllen, das hat er nämlich noch nie gemacht«, erläutert Karin Jäger den familiären Hintergrund. »Typisch, die Mutter zu Hause macht alles für die Kinder, der Vater ist arbeitslos. Das Ergebnis ist eine totale Rollenkonfusion, und der Kleine ist überhaupt noch nie auf die Idee gekommen, dass er auch

51

mal etwas für die Familie tun kann. Ihm fehlt schlicht ein Vorbild.« Allerdings sei es schwer, das mit den Eltern durchzuziehen, denn die könne man ja nicht kontrollieren. Inzwischen treffen die Lehrer dieser Schule fast alle Vereinbarungen nur noch mit den Schülern. »Die Eltern sind sehr schwierig«, sagt Karin Jäger, »das wird dann für die Kinder schnell peinlich.« Sie nennt ein Beispiel: »Da kommt ein Kind immer unpünktlich zur Schule. Ja, warum weckt es der Vater denn nicht? Dann bitten wir ihn zum Gespräch, er kommt auch in die Schule und hat so eine Fahne ... Das ist den Kindern furchtbar unangenehm.« Also, was tun? »Da kann man nur sagen, wenn einer immer wieder unpünktlich ist«, sie zuckt mit den Schultern, »kauf dir einen Wecker. Das ist dann Inhalt der Vereinbarung.« Der schlichteste und häufigste Fall, den dieses Lehrerteam mit einem Bildungs- und Erziehungsauftrag beantwortet, ist: »Komm regelmäßig zur Schule.« Oder noch bescheidener: »Steigere deinen Notendurchschnitt von 3,6 auf 3,4.«

Eltern sind schwierige Kunden ...

Es geht aber letztlich auch um die richtige Mischung von Zugeständnis und Konsequenz – besonders im Umgang mit den Eltern. Und hier hat das Abschließen von Verträgen Grenzen. »Da ruft man an und sagt den Eltern, ihr Kind komme nicht mehr zur Schule. Und die Eltern antworten: Was habe ich damit zu tun?«, berichtet Karin Jäger. »Dann bleiben wir hart. Wir erstatten Versäumnisanzeige, und dann müssen Eltern eben Strafe zahlen.« In solchen Situationen helfen eben keine Erziehungsverträge, betont sie, das funktioniere sowieso nur bei bildungsinteressierten Eltern. Der Weg ist klar: »Bestimmte Grundüberzeugungen, die nicht mehr diskutiert werden, das ist uns wichtig, daran arbeiten wir.« Nachdenklich fügt sie hinzu: »Wir stellen immer so viel infrage, aber es muss eine Grundsauberkeit, Grundhöflichkeit und auch Grundregeln geben, die gelten. Das ist schließlich auch eine Entlastung, damit man nicht bei jedem Vorfall wieder neu überlegen muss.« Die Grenzen ihrer Möglichkeiten sieht sie klar – und das klingt überhaupt nicht resigniert: »Wir können nicht mehr als Impulse geben, und meist stoßen wir auf ein butterweiches Elternhaus.«

Die Wiederentdeckung der Höflichkeit

Handys, die immerzu klingeln, und Technobeats, die überall wummern, drangsalierende Raser auf der Autobahn, wütend umkämpfte Parkplätze, rassistische, antisemitische und schwulenfeindliche Parolen an Hauswänden, verdreckte Parks und Hundehaufen mitten auf dem Gehweg, besoffen herumtorkelnde Mitreisende im Flugzeug, rempelnde und drängelnde Kunden im Supermarkt, wüste Beschimpfungen auf dem Schulhof und in Fußgängerzonen, grußloses Betreten von Wartezimmern, schmatzendes Kaugummigekaue im überfüllten Zugabteil, selbstherrliche Kollegen und brüllende Chefs, grundlos hupende Autofahrer, gereckte Mittelfinger, Muffköppe in Läden, Büros und Behörden, Schikanen in der Schule und im Job, außer Rand und Band geratene Kleinkinder, die Flugzeugkabinen, Zugabteile und Restaurants mit nervtötendem Gekreisch erfüllen, egoistische, kaltschnäuzige Freunde und gestresste, giftige Paare, die sich völlig enthemmt vor ihren Gästen erbitterte Wortgefechte liefern ...

Ach, man könnte immer weitererzählen. Das Ende der langen Reihe von Ärgernissen, die wir täglich erleben, ist kaum abzusehen: Das Grüßen scheint vielerorts abgeschafft, Bitte und Danke sind Fremdwörter im alltäglichen kleinen Grenzverkehr. Die höfliche Entschuldigung wegen eines versehentlichen Remplers ist längst dem sehr internationalen »Uups!« gewichen. Das Telefonieren genießt überall und jederzeit absoluten Vorrang; sobald das Handy dudelt, erstirbt jedes Gespräch mit anwesenden Menschen. Blickkontakt wird hingegen angestrengt vermieden, jeder Händedruck und noch die kleinste freundliche Floskel scheinen obsolet – schade eigentlich, dass noch nicht restlos alle zwischenmenschlichen Transaktionen mit Chipkarte und Einschubschlitz durchzuführen sind. Vielleicht waren aber die Supermärkte, Selbstbedienungsrestaurants und Selfservice-Tankstellen erst der Anfang, und uns steht mit der Automatisierung alltäglicher Verrichtungen, die sich zunehmend an Computerterminals oder im Dialog mit sprachgesteuerten Computern erledigen lassen, noch allerhand bevor?

Alles wird dauernd immer schlimmer

Den Vortritt des anderen missachten oder ihm die Vorfahrt nicht gewähren, keinen Sitzplatz und keine helfende Hand anbieten, nicht ausreden lassen und rempelnd, ruppig, rüpelhaft durchs Leben stolpern – wir erleben und erlauben uns so einiges aus dem Repertoire der Rücksichtslosigkeiten. Die Liste der alltäglichen Lamentos ist lang und wird keineswegs nur von verknöcherten Ewiggestrigen fortgeschrieben. Sogar Fußballer Jürgen Klinsmann bemerkte öffentlich, dass die jungen Fans in England immerhin noch wüssten, wie man Bitte und Danke sagt. Bei uns hingegen schnappten sie sich das Autogramm und zögen wortlos davon.

Was sagen uns jenseits künstlicher Aufregung und schadenfroher Empörung über die Ausrutscher anderer Leute unsere Umgangsformen über das Leben, das wir führen? Menschen befassen sich von jeher mit Umgangsformen, weil sie sich Klarheit über die Grundlagen ihres Zusammenlebens verschaffen wollen. Vielleicht ist das die gute Nachricht: Haben wir endlich erkannt, dass wir uns in einer fortgeschritten dekadenten Gesellschaft unverbundener Einzelwesen befinden, die durchsetzt ist von gnadenlosen Ellbogenkämpfern und aufgeblasenen Egomanen? Alles in allem nichts weiter als eine Horde von entfesselten Ichs, die, befreit von den Verbindlichkeiten, die das Leben ihrer Eltern noch strukturierten, das Wir längst an die Wand gespielt haben? Zählt die Gemeinschaft nichts mehr, der Einzelne alles? Haben Bescheidenheit, Zurückhaltung und eine gewisse Form zugunsten von Selbstentfaltung, Gier und entfesseltem Durchsetzungswahn abgedankt? Wohl kaum: Wer das Schwinden von Anstand und Höflichkeit beklagt, meint damit die Krise der hergebrachten Verhaltensformen wie Anteilnahme, Respekt und Achtung – er läuft dabei aber auch Gefahr, den neuen Ausdrucksweisen, die an die Stelle der alten getreten sind, keine Aufmerksamkeit zu schenken.

Licht am Ende des Tunnels – oder nur die Scheinwerfer des entgegenkommenden Zuges?

Das ehrenamtliche Engagement hat Zulauf von Interessierten wie nie, bemerkenswert viele Menschen engagieren sich im Umweltschutz, in der Nachbarschaftshilfe oder in der Friedensbewegung. Beweisen Millionen von Menschen in der ganzen Welt nicht etwa täglich zahllose Formen von Achtsamkeit, Rücksichtnahme und einer von dem Gedanken der Gegenseitigkeit geprägten Haltung, die vor ein oder zwei Generationen noch unvorstellbar gewesen wären?

Unternehmen mit Publikumsverkehr schulen ihre Mitarbeiter flächendeckend in Sachen freundlicher Höflichkeit. Und auch abgesehen von der neuen Herzlichkeit im Dienstleistungssektor war noch niemals vorher in der Geschichte so viel von Achtung (vor Kindern, Mitmenschen, der Natur, Angehörigen anderer Kulturen), Würde (des Sterbens, der Tiere und jedes einzelnen Menschen), Toleranz (gegenüber Andersdenkenden, Andersmeinenden und Andersglaubenden) und Respekt (vor Alter, Leistung, der Privatsphäre) die Rede. Vielleicht hat die Zahl der Teenager zugenommen, die Kippen und Kaugummis auf die Straße spucken, Nachfolgenden die Tür vor der Nase zuknallen und in der U-Bahn stumpf dahocken, während ältere Herrschaften im Gang stehen, an ihren Krückstock geklammert, und gefährlich schwanken. Zugenommen hat aber auch die Zahl derjenigen, die Ausländer, Schwule oder Rollstuhlfahrer zuvorkommend, freundlich und mit aufrichtigem Respekt behandeln. Es ist verzwickt: In manchen Lebensbereichen kann von rücksichtsvollem Verhalten keine Rede mehr sein, in anderen hingegen wächst der Anstand. Und hat uns nicht auch die epidemisch um sich greifende Formlosigkeit gleichzeitig die schönsten Wortblumen der politischen Korrektheit beschert – garantiert diskriminierungsfrei, von Rückständen unschöner Vorurteile unbelastet und, nebenbei, soziale Missstände blickdicht verschleiernd? Wir reden nicht nur längst nicht mehr von Zigeunerschnitzeln und Negerküssen, sondern haben Putzfrauen in Raumpflegerinnen, Arme in sozial Schwache umbenannt. Schwänzt ein Kind die Schule, sprechen wir zartfühlend von Schulvermeidungsverhalten. Schreib- und leseschwache Türkenjungs bezeichnen wir als Kinder mit Migrationshintergrund, geistig Behinderte nennen wir Menschen anderer Intelligenz.

Ein Lamento mit Tradition

Nur gutes Benehmen war in den letzten zwanzig Jahren einfach kein Thema mehr – geschweige denn die Fragen, wie Umgangsformen heute aussehen sollten, die nicht dem Zufall oder der Tagesform überlassen bleiben, und in wessen Verantwortung es falle, diese an die nächste Generation weiterzureichen. Denn die hat es nötig – und das schon länger: »Die Jugend liebt heutzutage den Luxus. Sie hat schlechte Manieren, verachtet die Autorität, hat keinen Respekt vor den älteren Leuten und schwatzt, wo sie arbeiten sollte. Die jungen Leute stehen nicht mehr auf, wenn Ältere das Zimmer betreten. Sie widersprechen ihren Eltern, schwadronieren in der Gesellschaft, verschlingen bei Tisch die Süßspeisen, legen die

Beine übereinander und tyrannisieren ihre Lehrer.« Was klingt wie der Stoßseufzer eines Burn-out-gefährdeten Berufsschullehrers kurz vor der Frühpensionierung, ist in Wahrheit die Zusammenfassung etlicher verstreuter zorniger Bemerkungen über die Ungezogenheit der Kids im Athen des fünften vorchristlichen Jahrhunderts, die Platon in seinem achten Buch ›Vom Staat‹ Sokrates in den Mund legt. Die Klagen über die Jugend ohne Tugend sind seither in der westlichen Welt kaum abgerissen. Der Wunsch, besonders die nachwachsende Generation möge die Vernunft der älteren annehmen, deren Form wahren und wenigstens Anstand walten lassen, beflügelt die Benimm-Literatur seit Jahrhunderten. Doch im letzten Vierteljahrhundert ist es merkwürdig still geworden um die sorgende Kritik am Verhalten von Kindern und Jugendlichen.

Jahrelang hat sich kaum jemand (außer meiner Mutter) getraut, auf die Einhaltung von Regeln und Ritualen zu pochen, die das Miteinander in der Familie, am Arbeitsplatz oder in der Schule einfacher und freundlicher gestalten. Jetzt proben Eltern und Erzieher vereinzelt das Neinsagen, die ersten Lehrer wagen bereits wieder darauf zu bestehen, dass die Schüler zu Unterrichtsbeginn im Chor einen guten Morgen wünschen und dazu doch, doch, tatsächlich aufstehen! Schon Erstklässler versuchen sich im Klassenrat an ganz einfachen Regeln für die Gemeinschaft, zu denen sie sich selbst freiwillig verpflichten wollen: Wir beschimpfen uns nicht. Wir lassen einander ausreden. Wir lösen Konflikte friedlich.

Sogar Gepflogenheiten wie diese, wenigstens halbwegs manierlich zu essen, werden nicht mehr überall als reaktionärer Drill und Kinderabrichtung verunglimpft. Nun ist weder das unmanierliche Essen der Schulkinder noch ihr gelegentlich unflätiges Betragen für sich allein genommen ein Beweis für den fortschreitenden Untergang des Abendlandes, der sich in einer Art Werteverfall bemerkbar macht. Die Werte verderben ja nicht wie die Milch jenseits vom Haltbarkeitsdatum, sondern das Bewusstsein, dass sie gelten, schwächelt – und lebt wieder auf, wenn wir anfangen etwas zu vermissen. Dass es uns schmerzt, wenn Umgangsformen heute als Formen erscheinen, die immer mehr umgangen werden, zeugt ja gerade nicht von einem verfallenden, sondern im Gegenteil von einem höchst lebendigen Wertebewusstsein. Widerstandslos befolgte Verhaltensregeln und selbstverständlich praktizierte Umgangsformen können nicht reflektiert werden; dies wird erst möglich, wenn sie sich nicht mehr von selbst verstehen. Kurz gesagt: Werte erkennt man am besten, wo sie fehlen – oder wo man sie verfehlt.

Der Anstandsnerv zuckt kollektiv

Die wiederentdeckte Höflichkeit wirft Fragen auf, über die es sich nachzudenken lohnt. Da, wo in der öffentlich geführten Diskussion um Dinge wie Benimm-Unterricht in der Schule das Thema der Umgangsformen seinen Brennpunkt hat, schimmern in den befürwortenden, ablehnenden oder gleichgültigen Positionen Kraftlinien auf, deren Ursprünge weit in die Vergangenheit zurückreichen. Die Bereitschaft, bestimmte Regeln zu befolgen, oder der Wunsch, Respekt ebenso zu gewähren wie zu erfahren, beschwören auch Vorstellungen von der angemessenen Form des Ausdrucks herauf. Darüber kann man durchaus streiten.

Eine neue Freude am Ritual kommt unübersehbar da auf, wo aus gegebenem Anlass gefeiert wird – da wird wieder in festlichem Rahmen geheiratet, Schulen laden ihre Absolventen zum zehnten, zwanzigsten Jahrestag der Abschlussprüfung ein, Konfirmationen und Kommunionen erleben ein wahres Comeback, und ihr weltlicher Ersatz, die Jugendweihen, erfreut sich ebenfalls steigender Beliebtheit. Auch im Alltag geschieht mitunter Erstaunliches: Während einer Zigarettenpause um die Mittagszeit, die wir vor dem Büro auf der

Straße verbringen, nähert sich ein etwas abgerissen wirkender Mann. Klar, was er will: eine Zigarette schnorren. Während wir uns also schon intuitiv auf das unvermeidliche »Ey, haste mal 'ne Kippe für mich!« einstellen, wünscht er zunächst einen guten Tag, entschuldigt sich, dass er uns einfach auf der Straße anspreche, und bittet uns, ihm eine Zigarette zu verkaufen. Wir schenken ihm eine, geben Feuer, und er bedankt sich in wohlgesetzten Worten, wünscht weiterhin eine schöne Mittagspause und zieht fröhlich qualmend seiner Wege. Ein Einzelfall? Sicher lässt sich daraus keine kultursoziologische Theorie schmieden, aber vielleicht dürfen wir ein Signal darin sehen: Hier ändert sich gerade etwas. Es gibt durchaus Anzeichen dafür, dass die achselzuckende Hinnahmebereitschaft, mit der wir Pöbeleien und Anmache auf der Straße, Schmiereien an Hauswänden, versiffte Parks und mutwillig zerstörte Spielplätze bisher quittierten, hier und da aufbricht. Patenschaften für Parkanlagen, Quartiermanagement in Problemkiezen und all die privaten Initiativen, Verantwortung für die unmittelbare Umgebung und ihre Bewohner zu übernehmen, sind Beispiele für wieder erwachenden Bürgersinn jenseits selbst ernannten Moralaposteltums nach Art des Kino-Hits ›Muxmäuschenstill‹. Nein, da droht keine Wiederauferstehung überkommenen Law-and-Order-Getues, verlogener Tugendwächter und Sitte, Ordnung und Anstand predigender Herrenmenschen – viele sind einfach unzufrieden mit der Art, wie wir miteinander umgehen.

Ehe vor zehn, zwanzig Jahren Verhaltensratgeber für Manager auf den mittleren Sprossen der Karriereleiter mit detaillierten Do-and-Don't-Listen aufwarteten, waren auch Benimm-Bücher ein weithin unbeachtetes Genre gewesen. Heute boomt das Geschäft: Benimm-Ratgeber für jede Lebenslage sind die Antwort des Marktes auf ein großes Verlangen nach Takt und Ton und einen erheblichen Bedarf an Unterweisung darin, wie sich Zusammenleben erleichtern und Zusammenstöße vermeiden lassen. Der zum Anstands-Wauwau verhunzte Adolph Freiherr von Knigge ist 200 Jahre nach seinem Tod wieder brandaktuell. Legten bereits 1996 laut einer forsa-Umfrage 53 Prozent der Bevölkerung »sehr viel« und 41 Prozent »viel« Wert auf Höflichkeit und gaben 90 Prozent der Befragten unter 29 Jahren an, dass ihnen am guten Ton viel gelegen sei, so sind es seither noch mehr geworden. Den ersten Platz auf der Wunschliste des guten Benehmens nimmt dabei mit 97,8 Prozent Zustimmung laut einer Emnid-Umfrage aus dem Jahr 2003 die Verhaltensregel ein, andere im Gespräch ausreden zu lassen. Dabei scheint es fast gleichgültig, ob man Männer oder Frauen fragte, 16- oder 60-Jährige, Menschen mit Hauptschul- oder Hochschulabschluss, Bewohner der alten oder neuen Bundesländer: Wunschdenken beherrscht das Bild.

Wenn wir uns was wünschen könnten

Fast genauso weit oben rangiert die Hilfsbereitschaft: Frauen den Kinderwagen anzuheben, älteren Menschen Koffer und Taschen zu tragen oder einen Sitzplatz anzubieten, finden fast 100 Prozent der Befragten wichtig oder sehr wichtig. Auf die Pünktlichkeit halten 97,2 Prozent große Stücke, angenehme Tischmanieren schätzen 95,4 Prozent. Mit Jeans in die Oper? So deplatziert wie das Jil-Sander-Kostüm zum Pilzesuchen. 85,2 Prozent legen Wert darauf, stets dem Anlass entsprechend gekleidet zu sein. Die Frage, ob man im Smoking richtig angezogen sei, wenn auf der Einladung »Abendkleidung« steht, zählt immer noch zu den FAQs der handelsüblichen Benimm-Seminare. Das bestätigt Inge Wolff, Vorsitzende der Arbeitsgemeinschaft Umgangsformen International in Bielefeld, anlässlich des 250. Geburtstages des Benimm-Papstes Knigge, über den der MDR im Dezember 2003 berichtete.

80,1 Prozent der repräsentativ ausgewählten Deutschen achten darauf, dass ohne vorherige Bitte um Erlaubnis nicht geraucht wird. 78,4 Prozent finden es gut, wenn bei Einladungen Blumen, Wein, Pralinen oder andere Aufmerksamkeiten mitgebracht werden. 75,2 Prozent schätzen es, wenn die Türen für andere aufgehalten werden, und auf die richtige Anrede mit korrekter Aussprache des Namens legen immerhin noch 68,2 Prozent großen Wert. Die Frage, zu welchem Prozentsatz die Befragten ihren eigenen Anforderungen genügen, wäre bestimmt immer mit 100 Prozent beantwortet worden. Leider wurde sie nicht gestellt.

Schon die Grammatik hält einen kleinen Hinweis auf die Schwierigkeit der Materie versteckt. Oder sagt etwa das Reflexivpronomen, welches das Verb begleitet wie ein treuer Hund den Herrn, nicht schon alles? Benehmen kann man niemals die anderen, sondern immer nur sich selbst – das aber will gründlich gelernt sein. All die Benimm-Fibeln, die den Namen des Freiherrn im Titel führen, kreisen um die Mutter aller Fragen: Was tun, was lassen? Sie treten auf Tausenden von Buchseiten den Beweis dafür an, dass Benehmen keineswegs Glückssache ist. Da gibt nicht nur der Manager-Knigge Tipps für den modernen Führungsstil, oder es klärt der Sex-Knigge Männer und Frauen darüber auf, wie man sich im Bett richtig verhält. Ein kulinarischer Knigge zum Beispiel hilft bei der Aufgabe, sich Hummer und Austern unfallfrei einzuverleiben, und ein Internet-Knigge für Schulen macht mit der virtuellen Netiquette vertraut. Dann gibt es den Wald-Knigge für Wanderungen und den Öko-Knigge für den Weihnachtseinkauf. Knigges gibt es für alle – für Kinder, für Handwerker, Neubundesbürger (»Ossi, benimm dich!«), für Freelancer und für die Beziehungen des Bundes mit den Gemeinden. Für Katzen, für Gäste, für Paviane (!), für Inlineskater, für Raucher, für Samurai und für unterwegs. Für erotische Stunden, für den richtigen Umgang mit der Kotztüte im Flugzeug und für den ersten Besuch im Pärchen-Club. Und der Knigge für Pastoren erörtert die liturgisch wichtige Frage, ob unterm Talar Turnschuhe erlaubt sind.

Vom schönen Schein zum tiefen Grund

Auch in einschlägigen Kursen machen sich moderne Menschen massenweise mit der Erkenntnis vertraut, dass die Achtung des anderen durchaus eine äußere Form hat. Wer diesen Anleitungen folgt, erfährt, wie man gewandt und sicher durchs Leben kommt, ohne dabei allzu sehr unangenehm aufzufallen – so das Versprechen. Wie es um die ganz persönlichen Fähigkeiten bestellt ist, kann man sogar testen lassen. Checklisten und Fragenkataloge in Büchern, Zeitschriften oder aus dem Internet machen es möglich, den persönlichen Nachholbedarf in Sachen Etikette genau zu ermessen. Das funktioniert sogar vor großem Publikum, wie Thomas Gottschalks TV-Benimm-Show im Frühjahr 2004 anschaulich vorführte. Motorradfahrer, Adelige, Jugendliche und Servicepersonal stellten ihr persönliches Fachwissen um lauernde Fettnäpfchen unter Beweis und wurden darin per Abstimmung bewertet. Währenddessen beantworteten Ruth Maria Kubitschek, Verona Feldbusch, Sky DuMont und Ottfried Fischer im Multiple-Choice-Verfahren so elementare Fragen wie: »Wünscht man Gesundheit, wenn jemand niest?« (oh nein, abgeschafft) oder: »An welchem Ort muss das Handy auf jeden Fall immer ausgeschaltet bleiben?« (im Krankenhaus). Verona Feldbusch, der formvollendeten Damenhaftigkeit bislang eher unverdächtig, hat übrigens gewonnen.

Kein Zweifel, Höflichkeit und gutes Benehmen genießen neuerdings wieder viel Aufmerksamkeit und öffentlich bekundete Wertschätzung. Schwer zu sagen, wann das angefangen hat. In den letzten Jahren jedenfalls wurde vielen Menschen bewusst, dass Unhöflichkeit ein Zustand ist, den man mit Ignoranz nicht ändern kann. Immer mehr Menschen erkennen eine Verbindung zwischen Unhöflichkeit und einer verminderten Lebensqualität und beginnen den Mangel an guten Umgangsformen an bestimmten Punkten als schmerzlich zu empfinden. Große Unternehmen schicken ihre Mitarbeiter schon länger zu Benimm-Kursen. Vielleicht haben ja die Image-Berater und Coachs der Profis die Botschaft als Erste unter die Leute gebracht: Ein gewandtes, sicheres Auftreten, freundliches, rücksichtsvolles und höfliches Verhalten sind, genau wie die souveräne Handhabung der Hummergabel, wichtige Voraussetzungen für den Erfolg im Berufsleben – zumindest in den oberen Etagen. Bei formal gleicher Qualifikation wird sich derjenige durchsetzen, der diese Dinge einfach draufhat – das haben mittlerweile auch die Eltern begriffen. In renommierten deutschen Hotels, aber auch auf Kreuzfahrtschiffen werden schon seit Jahren teure Benimm-Kurse für Kinder angeboten und von ehrgeizigen Eltern gebucht, damit ihr Nachwuchs Startvorteile hat.

Eltern halten Höflichkeit und gutes Benehmen wieder für ein Erziehungsziel ersten Ranges. Das hat eine Umfrage des Instituts für Demoskopie in Allensbach im Sommer 2000 herausgefunden. 88 Prozent der Befragten stimmten diesem Ziel zu, das damit höher gewichtet wurde als die Fähigkeit zu akkurater Arbeit und die Toleranz, auf die nur 79 Prozent der Befragten Wert legten. Orientieren sich Eltern in Ost und West wieder an den traditionellen Normen, die seit Mitte der 60er Jahre im Westen stark an Bedeutung eingebüßt haben? »Inzwischen setzt die Bevölkerung bei den Erziehungszielen die Akzente wieder genau so, wie sie es vor dem Wertewandel getan hat«, deuten die Allensbacher Meinungsforscher die Ergebnisse. »Kaum zu glauben, dass Benimm-Regeln, Kleiderordnungen, Respekt vor Autorität, auch die Beziehungen der Geschlechter nach altem Rollenspiel – Hilflosigkeit hier, Ritterlichkeit dort – die Veränderungen der Gesellschaft unbeschadet überstanden haben sollen«, wunderte sich die Publizistin Katharina Rutschky im Kulturellen Feature des Deutschlandfunks vom 13. Juli 2001. Die gute Kinderstube von einst könne niemanden mehr fürs gelingende Leben ausrüsten, weder für den reibungslosen Umgang in der Peergroup, der Schule, der Uni noch am Arbeitsplatz, meint Katharina Rutschky. Schon deshalb nicht, weil eine erstmals stabile demokratische Gesellschaft, in der Toleranz, Gleichberechtigung, Pluralismus neben anderen schönen Grundsätzen gelten, es nicht mehr erlaube, Benimm von einer Klasse oder einer Elite wie den früher einmal stilbildenden Gruppen aus Adel oder Bürgertum bestimmen und durchsetzen zu lassen. »Zum schlechten Benehmen neigen heute die«, betont sie argwöhnisch, »die gutes Benehmen predigen oder zu verteidigen meinen.«

Der Retro-Trend macht vorm Benimm nicht Halt

Kommen die Normen zurück, die seit 1968 den Rückzug angetreten haben? Eine Allensbacher Umfrage aus dem Jahr 1967, die erkundete, was man Kindern für ihr späteres Leben mit auf den Weg geben sollte, ermittelte in den Antworten der unter 30-Jährigen eine große Mehrheit von 81 Prozent, die fand, dass Kinder im Elternhaus Höflichkeit und gutes Benehmen, aber auch Sparsamkeit, Sauberkeit und gewissenhaftes Arbeiten lernen sollten. Nur fünf Jahre später, also 1972, wurde die Frage noch einmal unverändert gestellt: Es blieben lediglich 50 Prozent übrig, die diese Ansicht teilten.

Immerhin haben 1991 wiederum etwa 70 Prozent der befragten Westdeutschen auf Höflichkeit Wert gelegt. Gewissenhaft zu arbeiten, hielten 67 Prozent damals für wichtig. Dass Kinder lernen sollten, sich in eine Ordnung einzufügen, meinten 39 Prozent der Befragten. Im Jahr 2000 waren immerhin 44 Prozent vom Sinn der Anpassung überzeugt – zu Lasten des Erziehungszieles individueller Selbstverwirklichung und persönlicher Entfaltung, das, verglichen mit 1991, an Wertschätzung erheblich einbüßte. In der DDR habe dieser Wertewandel nie stattgefunden, erklärten die Forscher. Nur die Ablehnung einer religiösen Erziehung und die negative Besetzung des Erziehungspunktes Anpassung sei bei einer

Befragung nach der Wende deutlicher ausgefallen als ein Vierteljahrhundert vorher.

Inzwischen sei die Bereitschaft, »positiv über Anpassung nachzudenken«, wieder gewachsen – und wie! Auf die Frage »Sollten Ihrer Meinung nach Höflichkeit, Anstand und Ordnung im Alltag wieder eine wichtigere Rolle spielen?« antworteten 95 Prozent der eintausend Erwachsenen, die im Auftrag des Nachrichtenmagazins ›Der Spiegel‹ im Sommer 2003 von dem Meinungsforschungsinstitut Infas befragt wurden, mit »Ja«. »Möglich, dass vor allem die akute ökonomische Krise das Erstarken der Bürgerlichkeit fördert, die allmähliche Rückgewinnung von Tugenden wie Höflichkeit, Sauberkeit, Verlässlichkeit, den Mut zur Wiederbelebung althergebrachter Gebräuche, überhaupt die Wiederentdeckung der Form«, mutmaßen die ›Spiegel‹-Autoren. »Sie war lange verrufen als steife Verhinderung ungezwungener Selbstverwirklichung, aber sie kann eben auch im irritierenden Durcheinander der Moden und Trends Sicherheit bieten.« Vielleicht sind wir ja wirklich alle heillos überfordert von dem freiheitlich inspirierten Dogma des »Sei immer du selbst und tu, was du willst!«, das in den 60er Jahren des letzten Jahrhunderts entstand und heute noch immer eine gewisse Restsüße in den Köpfen der Generation 40 plus verströmt. Für Florian Illies, der seinen Altersgenossen in seinem neuen Buch ›Generation Golf zwei‹ einmal mehr die Leviten liest, ist der Fall glasklar: »Je unsicherer die Welt wirkt, umso attraktiver werden die scheinbar altmodischen Werte.«

Fitnessvorteil Höflichkeit

Die Shell-Jugendstudie aus dem August 2002 zeichnet ein fein abgestimmtes Bild der Ansichten und des Verhaltens von jungen Leuten zwischen 12 und 25 Jahren. Diese Altersgruppe muss sich den Anspruch auf individuelle Entfaltung und persönliche Entscheidungsfreiheit nicht mehr durch Rebellion und Protest erkämpfen – im Gegenteil. Das Streben nach Sicherheit, wirtschaftlichem Wohlstand und Erfolg in der Leistungsgesellschaft rückt mehr in den Vordergrund. Dementsprechend attraktiv erscheint eine leistungs- und anpassungsbezogene Wertorientierung, und darunter fällt nun einmal auch das höfliche Betragen.

Erfolgreich wird nur sein, wer gewisse Mindeststandards einhält – diese schlichte, aber keineswegs einfach umzusetzende Erkenntnis eint Eltern in dem Bemühen, dem Nachwuchs neuerdings wieder Benimm beizubringen (und beibringen zu lassen). Unübersehbar wächst aber gleichzeitig die Tendenz, dass Eltern sich aus der Erziehung ihrer Kinder zurückziehen, was in der Erwartung zum Ausdruck kommt, staatliche Institutionen wie Kindergärten und Schulen mögen sie doch bitte stärker von ihrer Verantwortung entlasten. Aus diesem Blickwinkel erscheint die Schule als Bildungstankstelle mit angeschlossenem Service-Point, wo pädagogisch geschultes Personal bereitsteht, um den Eltern lästige, leidige und langwierige Erziehungsaufgaben abzunehmen. Lehrer sollen ein angenehmes Sozialverhalten der Sprösslinge sicherstellen und exakt den Wissensstoff in die Köpfe der Kinder hineinmanövrieren, der später auf dem Arbeitsmarkt gefragt sein wird. Besorgte Mütter und Väter haben die Verwertbarkeit ihrer Kinder auf dem Arbeitsmarkt längst als Lernziel verinnerlicht. Bildungsinhalte, die keinen unmittelbaren Profit mehr versprechen, erscheinen vor diesem Hintergrund merkwürdig deplatziert, eine Bildung, die dem ganzen Menschen zugute kommt, als seltsam altertümliche Idee von vorgestern – das ist die Botschaft, die hinter dem Ruf nach Computern für alle Klassen statt Lateinstunden und Philosophieunterricht aufscheint.

Höfliche Umgangsformen dagegen stehen jetzt wieder im Ruf, ein entscheidender Pluspunkt beim Kampf um die Fleischtöpfe der Zukunft zu sein. Ordnung, Pünktlichkeit, aber auch Anstand, Rücksicht und das gefällige Betragen –

alle Elemente der Höflichkeit, die nach neuerdings wieder weithin geteilter Überzeugung das Zusammenleben leicht macht, markieren auch ganz persönliche Wettbewerbsvorteile. Sie sind es, welche die erfolgreichen von erfolglosen Bewerbern um Lehrstellen, Jobs und halbwegs sichere Posten unterscheiden. Und genau dieser Wind des Zeitgeistes weht das Thema auf die Stundenpläne, während Politiker und Wirtschaftsbosse noch große Reden über die Bedeutung von Werten schwingen, denen sie selbst am wenigsten genügen. Ganz ungeachtet der Frage, ob Industrie und Betriebe mehr Ausbildungsplätze einrichten würden, sofern man ihnen nur erstklassige, fehlerfreie und formvollendete Bewerbungsschreiben reichte, die von fachlich versierten und höchst sozialkompetenten Aspiranten stammen, und auch einmal abgesehen von dem reich dokumentierten subjektiven Leiden von Lehrern an der Unlust der Lernenden: Der Ruf nach besserem Benehmen hat viele Stimmen, die aus unterschiedlichen Interessen laut werden.

»Die Eltern wollen in erster Linie, dass ihre Kinder später viel Geld verdienen«, erklärt der Direktor einer katholischen Mädchenschule im Taunus das neu erwachte Interesse am guten Benehmen und seiner Vermittelbarkeit im Unterricht. »Sie merken immer mehr, dass Höflichkeit und gewissenhaftes Arbeiten hilft, dieses Ziel zu erreichen.« Mit viel Verständnis für die Wünsche der Wirtschaft fügt er hinzu: »Ein Unternehmen holt sich doch nur jemanden, der dem Arbeitsklima förderlich und teamfähig ist. Dazu sind nun einmal gewisse Umgangsformen erforderlich.«

Leistung statt langer Leine

Deshalb tritt der Trend zum guten Benehmen auch da besonders hervor, wo lange Zeit das genaue Gegenteil Trumpf war: in der Schule. Disziplinierungsprobleme nennen Lehrer quer durch die ganze Republik an erster Stelle, wenn sie nach ihrer Sicht auf die Gründe für das schlechte Abschneiden der deutschen Fünfzehnjährigen im Vergleich zu ihren europäischen Altersgenossen gefragt werden. All die wertvolle Unterrichtszeit, die dafür draufgeht, so etwas wie eine Arbeitsatmosphäre herzustellen!

Während Eltern, Lehrer und Politiker die allgemeine Unlust in deutschen Klassenzimmern beklagen, berichten andere Lehrer vom Zuwachs an Erziehungsaufgaben, der immer weniger Zeit für den fachlichen Unterricht, die Vermittlung von Wissen lässt. »Wenn in den Familien keine Primärsozialisation stattfindet, wachsen der Schule neue Aufgaben zu, für die sie bisher nicht vorgesehen war«, resümiert Susanne Gaschke in ihrem Buch ›Die Erziehungskatastrophe‹ und zählt auf, was nach ihrer Beobachtung die Zeit und die Kraft der Lehrer frisst, die so dringend für den Unterricht benötigt würden: »Lehren, wie man Kontakt zu anderen Kindern aufnimmt, ohne ihnen ein Bein zu stellen; welche Begrüßungsrituale unter zivilisierten Menschen üblich sind, dass ›alte Fotze‹ keine angemessene Anrede für die Musiklehrerin ist und dass eine Milchschnitte kein vollwertiger Ersatz für ein Frühstück ist.«

Mittlerweile hat der PISA-Schrecken mancherorts schon eine Art Umkehrschub im Unterricht bewirkt. Schluss mit lustig soll sein, und das heißt: Leistung statt langer Leine, Respekt statt Rüpeleien. Und während Lehrer-Lobbyisten noch rufen: Die Schule ist kein Reparaturbetrieb, werden Wirtschaftsvertreter nicht müde, die mangelnden Qualitäten der Schulabgänger anzuprangern. An Hochschulabsolventen wurde schon vor Jahren moniert, dass es ihnen an sozialer Kompetenz und formalen Fertigkeiten fehle, die im Berufsalltag dringend gebraucht würden. Doch die Klage gilt jetzt den Defiziten der anderen Schulabgänger, die auf der Suche nach Ausbildungsplätzen vielfach noch nicht die Gelegenheit wahrgenommen haben, in privaten Workshops, Seminaren oder dem verschämten Selbststudium mittels Benimm-Büchern nachzuholen, was sie bis dahin nicht gelernt haben: wie man sich korrekt bewirbt, wie man sich zu welchen Anlässen kleidet, wie man mit Kollegen und wie mit dem Chef redet, wie man pünktlich am Arbeitsplatz erscheint und dort zuverlässig, fleißig und pflichtbewusst die übertragenen Aufgaben erledigt.

Viel schwerer als der Mangel an Manieren wiegt, glaubt man den Verfechtern schulischen Benimm-Unterrichts aus der Wirtschaft, dass bestimmte Tugenden entweder unbekannt sind oder bewusst vernachlässigt werden: Pünktlichkeit, Sauberkeit, Ordnungssinn, Rücksichtnahme – Begriffe, bei denen sich manch 40-Jährigem heute insgeheim noch der Magen umdreht. Die Gefahr, im Namen einer falsch verstandenen Höflichkeit von Schülern nur mehr Anpassung zu fordern, ohne die Gründe dafür zu vermitteln, warum gutes Benehmen einfach bekömmlicher für alle ist und im Einzelnen durchaus diskutiert werden kann, welche Umgangsformen verstaubt sind und vergessen gehören und welche man als erhaltenswert empfindet, ist nicht von der Hand zu weisen – und besonders in der Schule gegeben. Deshalb geht das Nachdenken über Benimm-Unterricht in der Schule oft mit Beifall von der falschen Seite einher.

Zwischen Anpassung und Selbstbehauptung

Viele etwas ältere Schüler-Knigge legen noch ein beredtes Zeugnis davon ab, wie fließend die Grenze zwischen den in der Gesellschaft bestehenden Konventionen der Höflichkeit und den schulinternen Verhaltensstandards verläuft. Höflich zu sein bedeutet dort meistens unterschiedslos sowohl zu grüßen, bitten und danken wie auch nicht frech zu sein, den Finger zu heben und nach der Pause ohne Umwege pünktlich wieder ins Klassenzimmer zu kommen, selbstverständlich ohne die frisch gekauften Snacks und Drinks erst zu Unterrichtsbeginn zu verzehren. Die Anpassung an Schulrituale scheint in manchen Argumentationen die Erziehung zu guten Umgangsformen zu ersetzen.

Andererseits weisen Experten darauf hin, dass am Beginn von Gewaltkarrieren häufig Verstöße stehen, die mit dem Verfall der viel geschmähten Sekundärtugenden zusammenhängen: Schuleschwänzen, Unpünktlichkeit und die Geringschätzung, mit der die Grundsätze der Höflichkeit gegenüber den Lehrern behandelt würden, Beschimpfungen und sogar Handgreiflichkeiten, die ungeahndet blieben.

Nun soll das alles anders werden. Aber wo sollen Kinder und Jugendliche die Regeln lernen? Lassen sich diese Dinge im Klassenzimmer vermitteln, oder bringt man's dem Nachwuchs besser am heimischen Küchentisch bei? Und wieder soll es die Schule richten. Aber kann sie das überhaupt? Ist nicht die Schule selbst eine Ursache des Problems, genauer: die Gegebenheiten und Zustände an den Schulen, die unflätiges, gleichgültiges und auch gewalttätiges Verhalten von Schülern begünstigen? Heruntergekommene Schulgebäude, wackelnde Geländer und verdreckte Schulklos sprechen eine deutliche Sprache, die nicht eben das Vokabular der Achtung, des gegenseitigen Respekts und der Rücksicht intoniert – genauso wenig wie müde, depressive, ausgebrannte oder zynische, gleichgültige Lehrer imstande sein dürften, zu einem Lernklima ihren Teil beizutragen, das besonders in puncto guter Umgangsformen und tragfähiger Arbeitshaltungen immer mehr Belehrung durch Erfahrung ersetzen muss. Nur mit gesunden, selbstbewussten und zuversichtlichen Lehrern lassen sich die Reformen umsetzen, deren Dringlichkeit die PISA-Studie vor aller Augen geführt hat. Doch mehr als ein Drittel aller deutschen Pädagogen leidet unter der multiplen Erschöpfung, die man als Burnout bezeichnet. Lehrer machen den Löwenanteil der Kundschaft von Stresstherapeuten und Psychologen aus.

Schule: Lebens- oder Leidensort?

Viel spricht dafür, dass die Verlotterung der Schüler mit dem ersten Geschmier an der Toilettenwand beginnt und beim Demolieren von Tafeln, Tischen und Bänken noch lange nicht Halt macht. Aber wenn Schulen verwüstet werden, ohne dass dem Einhalt geboten wird, wenn Lehrer selbst zu spät zum Unterricht kommen, wenn sie Autorität und Distanz bewusst aufgeben, um wenigstens gemocht zu werden und sich noch ein bisschen näher dran an der Jugend fühlen zu dürfen als andere Erwachsene, darf man sich nicht wundern, dass Schüler keinen Maßstab haben. Dabei darf Schule sicher nicht zum Reparaturbetrieb verkommen, aber sie ist auch keine Bildungstankstelle, wo Kinder Karrierekraftstoff tanken, um dann mit Vollgas über die Piste der beruflichen Laufbahn zu düsen.

Vielmehr handelt es sich bei der Schule um ein lebendiges, empfindliches soziales Gebilde. Hier verbringen Menschen, die einander nicht ausgesucht haben und sich oftmals weder mögen noch freundschaftlich verbunden sind, die wachesten Stunden ihres Tages miteinander, um etwas zu leisten. Offenbart nicht der Lernort Schule als, vom Kind aus betrachtet, erster öffentlicher Raum schlaglichtartig den tieferen Sinn aller Umgangsformen überhaupt: der Begegnung mit Fremden die Bedrohlichkeit zu nehmen in einer Welt, deren Hauptmerkmal eben nicht das Vertrauen zueinander und die Freundschaft miteinander ist, und das heißt: Beschwichtigungs- und Beruhigungsgesten im öffentlichen Raum zu pflegen, den wir mit weitaus mehr Menschen teilen müssen, als uns lieb ist.

Gutes Benehmen macht Schule –
schlechtes auch

Auch das macht Schule (aus): heruntergekommene Gebäude, resignierte, unfähige und faule Lehrer, die um Schlag eins den Stift fallen lassen und dafür auch noch viel Geld verdienen, die doppelt so viel Urlaub haben wie andere Leute, außerdem Unterrichtsausfall, zu wenig Geld für die Bildung – und noch weniger Wertschätzung. Das Quäntchen Respekt etwa, das man dem Lehrerberuf ja versuchsweise auch mal entgegenbringen könnte, bleibt im Alltag und im Nachdenken darüber eine Einflussgröße knapp unter der Nachweisgrenze. Wir schätzen die Arbeit der Lehrer gering und achten ihren Beruf wenig. Vielleicht liegt das daran, dass jeder von uns als Kind schlechte Erfahrungen mit unfähigen Lehrern gemacht hat und auch mit den Jahren die Reste der rebellischen Pose pubertärer Auflehnung nicht ablegen mag? Doch was würde sich verändern, wenn wir der Aufgabe eines Lehrers hohe Wertschätzung entgegenbrächten und, sagen wir, auch menschliches Verständnis für die Leistung hätten, einen wilden Haufen von ungezogenen Grundschülern dazu zu bringen, ruhig zu arbeiten, ein Gedicht auswendig zu lernen, sich länger als drei Minuten konzentriert im Zahlenraum bis hundert aufzuhalten, oder sogar eine Horde von halbwüchsigen Oberschülern dazu zu bewegen, sich mit den Finessen der Algebra, den erstaunlich vielfältigen Vegetationszonen in der russischen Tundra oder den Mysterien lateinischer Deklinationen zu befassen?

Wer sich schlecht fühlt, macht's nicht besser

Prügelknaben bessern sich durch Geringschätzung nicht. Dass eher positive Bestärkung zu Stärke, zuversichtliche Ermutigung zu Mut führt und aufrichtige Anerkennung der bessere Ansporn zu guten Taten ist, haben wir als ehernes Motto der Kindererziehung längst verinnerlicht. Wenden wir diese Erkenntnis doch spaßeshalber mal auf die Lehrerzunft an: Das gesellschaftliche Ansehen der Lehrer ist in Deutschland gering, weil etliche Vertreter dieses Berufsstandes das vielleicht auch gar nicht anders verdient haben. Aber ihre vom Zeitgeist arg gebeutelte Autorität oder jedenfalls das geschwundene gesamtgesellschaftliche Zutrauen in ihre professionelle Kompetenz erlaubt uns auch nicht mehr, einen Lehrer bei seinem professionellen Anspruch zu packen. Die generelle Unterstellung, Lehrer seien hoch bezahlte Nichtstuer, spornt bestimmt keinen Schulmeister an, sich für unseren Nachwuchs besonders ins Zeug zu legen. Irgendeinen Ansporn brauchen aber die Lehrer – zumal den Beamten unter ihnen die Sorge um den Verlust des Arbeitsplatzes im Falle schlechter Leistungen ja genommen ist. Könnten wir ihnen nicht wenigstens vermitteln, dass sie wichtig sind?

Das Bildungssystem nehme überall in der Welt nach öffentlicher Meinung den ersten Platz auf der Prioritätenskala staatlicher Aufgaben ein, meint die Erziehungswissenschaftlerin und Journalistin Helle Becker, eine aufschlussreiche Statistik zitierend. In Deutschland dagegen rangiere es auf Platz elf. Bei uns stünden Polizei und Sicherheitskräfte in der Rangliste an erster Stelle.

Auch interessierten sich in Deutschland gerade mal 20 Prozent der Eltern für das schulische Leben ihrer Kinder. In Holland dagegen seien es 45 Prozent und in England 60 Prozent. Eine Schülersprecherin, die auf dem Forum zu Wort kam, das vom »Bündnis für Erziehung« am 4. Dezember 2002 im Düsseldorfer Landtag veranstaltet wurde, bestätigt die Statistik mit eigenen Erfahrungen. Sie findet zu einem traurigen Resümee: »Für Schüler ist es selbstverständlich, nicht ernst genommen zu werden.«

Von den PISA-Siegern lernen?

Das schlechte Abschneiden deutscher Schüler in den internationalen Schulleistungsvergleichen hat unseren suchenden Blick aufs Ausland, vor allem in Richtung Norden gelenkt. Was hat Schweden, das wir nicht haben? Was können die Norweger und Finnen, das wir nicht können? Inmitten der schnellen und vorschnellen Erklärungen für die Misere an deutschen Schulen blitzte hier und da ein Aspekt auf, der allzu schnell wieder ins Vergessen gerät: Skandinavische Eltern, Lehrer und auch Bildungspolitiker scheinen die Rolle des Vorbildes, die Glaubwürdigkeit und den Respekt in der Erziehung und Bildung von Kindern stärker zu gewichten, als das bei uns üblich ist. Lernlust im Norden statt Bildungsfrust in der Mitte von Europa? In Norwegen üben die Lehrer schon in der Ausbildung viele verschiedene Arten ein, Bitte und Danke zu sagen, ihre Schüler morgens zu begrüßen und nachmittags zu verabschieden. Auch der Frage des gegenseitigen Respekts scheint mehr Bedeutung beigemessen zu werden. Könnte es sein, dass diese Nährlösung skandinavische Schulen so viel stärker macht? Zunächst hat der Lehrer dem Schüler Respekt entgegenzubringen, weil er dann auch Respekt genießt, und nicht etwa umgekehrt. Das war einmal: In früheren Zeiten blieb so etwas wie Respekt einseitig reserviert. Der Lehrer konnte allein aufgrund seiner Position als verlängerter Arm der Obrigkeit – falsch verstandenen – Respekt in Gestalt von folgsamem Gehorsam einfordern. In den USA geht das ganz einfach: Per Gesetz sind Schüler im Bundesstaat Louisiana verpflichtet, ihrem Lehrer Respekt zu erweisen. Der republikanische Gouverneur Mike Foster unterschrieb im Juli 1999 ein Gesetz, wonach Schüler ihre Lehrer und andere Schulangestellte in Zukunft mit »Ma'am« und »Sir« ansprechen mussten. Verweigern die Jugendlichen die höfliche und respektvolle Anrede, droht ihnen eine Disziplinarstrafe. Es sei so einfach, sagte Foster. Die Schüler müssten nur Respekt vor ihren Lehrern bezeugen. »Es kostet nichts, die Lehrer mögen es und die Öffentlichkeit offenbar auch.« Amerika, du hast es besser ...

Hierzulande jedenfalls bedeutet die Vermittlung von Werten wie etwa Achtung und gegenseitigem Respekt vor allem Überzeugungsarbeit – sie gelingt mehr im Indirekten als durch direkte Unterweisung, so in Gestalt von überzeugenden Beispielen, lebendigen Vorbildern und der Glaubwürdigkeit, die diese Haltung bei Kindern hervorzurufen vermag. Und Kinder haben in der Regel sehr feine Antennen für Glaubwürdigkeit – gerade und vor allem, wenn es daran fehlt.

Wahlmöglichkeiten schaffen

Es geht deshalb um mehr als nur darum, gewisse Regeln und vorgestanzte Umgangsformen zu vermitteln. Die eigentliche Aufgabe besteht darin, Kindern viele Bewertungs- und Verhaltensalternativen zur Verfügung zu stellen, für den Fall, dass Gleichaltrige störendes Verhalten ablehnen oder angenehmes goutieren, diese einzuüben und zu verstärken. Unaufdringlich, auf leisen Sohlen und als Angebot zur Erweiterung, nicht Einschränkung des Verhaltensrepertoires kommt diese Botschaft an – und zugleich entgeht man so der Gefahr, pubertärem Protest gegen bloß aufoktroyierten Benimm Nahrung zu geben.

»Die skandinavische Schule ist ein Demokratieprojekt«, schreibt Reinhard Kahl im Mitgliedsblatt der Gewerkschaft für Erziehung und Wissenschaft am 4. Oktober 2003 über einen Vortrag der finnischen Präsidentin des Zentralamts für

Unterricht, der sich mit schulischen Fragen auseinander setzt. Er entwirft eine Skizze der unterschiedlichen Stile in Skandinavien und Deutschland. »Auf keinen Schüler darf verzichtet, jeder soll zur Teilnahme an der Gesellschaft befähigt werden«, beschreibt er das Credo finnischer Schulen. Die Finnen beschäftige die Sorge, dass etwa zehn Prozent der Kinder mit starken Entwicklungsnachteilen in die Schule kommen. Eines ihrer wichtigsten Themen sei die Kluft zwischen Schule und Familie – allerdings ohne dass dabei die üblichen Verfallsklagen oder Vorwurfshaltungen zum Ausdruck kämen. Vielmehr setzten pragmatische Visionäre jetzt Initiativen auf den ersten Platz der Tagesordnung, die Brücken zwischen Elternhäusern und Schulen bauen sollten.

Damit zielen die skandinavischen Schulen nicht unmittelbar auf Leistung, aber auf Bildung. Dass alle mitmachen wollen, werde selbstverständlich unterstellt. Zum finnischen Selbstbild passe es nicht, dass jährlich etwa hundertfünfzig Schüler im fünf Millionen Einwohner zählenden Land den Abschluss der neunjährigen Gesamtschule nicht schaffen. Bei uns, im Land der hohen Ideale, nehme man das Scheitern von zehn Prozent eines Jahrgangs wie eine anthropologische Konstante hin, stellt Kahl fest. »Die wichtigste finnische Bildungsmaxime heißt Respekt: Man darf die Kinder nicht beschämen.«

It's all about respect

Es geht immer um das eine – Respekt: Diese Botschaft entsenden junge Menschen sogar selbst. Man muss nur mal hinhören: Die Rede vom Respekt durchzieht als Refrain noch den Sprechgesang der Hiphop-Musiker und die Sprache derer, die sie hören – häufig genau dieselben, denen andernorts schlechtes Benehmen so voreilig attestiert wird. Dabei geht es um die grundsätzliche Achtung vor dem anderen, nicht nur vor den

Erfolgreichen, sondern vor allem vor den Gescheiterten. Ob eine Gesellschaft, die von wachsender Ungleichheit geprägt wird, die Selbstachtung und den gegenseitigen Respekt ihrer Mitglieder überhaupt noch zulässt, fragt Richard Sennett in seinem jüngsten Buch und kommt zu dem beunruhigenden Fazit: »Eine Gesellschaftsordnung, die den Menschen keinen tiefen Grund gibt, sich umeinander zu kümmern, kann nicht von Bestand sein.«

Auch bei uns ist Respekt längst zu einem Schlüsselwort der Jugendkultur geworden, ganz ähnlich wie der Ruf nach Freiheit in der Generation zuvor. Um Autoritätskonflikte geht es Kindern und Jugendlichen heute schon lange nicht mehr. Sie haben genug Taschengeld, eigene Fernseher im Zimmer und jeder ein eigenes Handy in der Tasche. Sie genießen alle Freizügigkeiten, um die in der Generation vorher noch gekämpft werden musste. Und es sei ihnen von Herzen gegönnt! Der neue Mangel ist keiner an Freiheit zur Selbstentfaltung, sondern ein Mangel an Aufmerksamkeit und vor allem an Resonanz. In den vielen Subkulturen und Milieus der Jugendszenen, besonders aber in denen der Jugendlichen aus Einwandererfamilien bedeutet die Aufforderung »respect me« nichts anderes als: Hallo – wir sind auch da! Seht uns an! Wir verlangen ein Mindestmaß an Aufmerksamkeit, Achtung und Anerkennung. R-e-s-p-e-c-t sang Aretha Franklin vor Jahren, r-e-s-p-e-c-t heißt der Slogan der Rapper, und das ist kein Zufall. Auch wenn die Musik, die da zu hören ist, einen erschreckt, und die Musikanten, die da aufspielen, über 40-Jährige kaum dazu einladen, sich in die Seele des Hiphoppers oder Rappers einzufühlen – was von Eminems, Ushers oder Puff Daddys Sprechgesang – neben unüberhörbaren Scheußlichkeiten und Protestposen – aus den Kinderzimmern tönt, ist auch ein Signal: Es geht um den gegenseitigen Respekt, den man einfordert, gewährt oder eben verweigert.

Aufmerksamkeit und Achtsamkeit:
So wichtig wie die Luft zum Atmen

Vielleicht ist das unser eigentliches Problem, während wir als empörte Leserbriefschreiber und düpierte Servicekunden, Leser von Benimm-Büchern und Besucher von Benimm-Workshops, gestresste Lehrer, achselzuckende Eltern und kopfschüttelnde Passanten vordergründig den zunehmenden Mangel an Umgangsformen beklagen: »Die Menschenseele fängt schon an zu leiden«, schreibt Georg Franck in seinem Buch ›Die Ökonomie der Aufmerksamkeit‹, »wenn sie kein Mindesteinkommen an Zuwendung bezieht. Der Entzug kann sogar tödlich sein. Kinder sterben an mangelnder Zuwendung. Erwachsene erleben Isolation als Folter.«

Aufmerksamkeit, die wir von anderen brauchen, und Aufmerksamkeit, die wir für die Welt aufbringen, bedingen sich gegenseitig. Nur wenn man es schafft, diese Wechselbeziehung zu kultivieren, kann ein Vorhaben wie Erziehung oder auch Bildung gelingen. Anders gesagt: Missachtete, nicht ernst genommene und nicht respektierte Kinder und Jugendliche können weder neugierig noch lernbegeistert sein, denn was ist Lernen anderes als »Vorfreude auf sich selbst«, wie der Philosoph Peter Sloterdijk es nennt? »Die Benimm-Konjunktur ist ein Selbstgespräch der deutschen Seele, ein so bigottes wie verquältes«, schreibt Reinhard Kahl. »Es ist das unfreiwillige Eingeständnis, dass wir ein Verwahrlosungsproblem haben, aber noch keine Sprache, es zu formulieren.«

Heiße Kartoffeln machen die Runde

Viele Eltern sind bloß unzufrieden mit der Schule ihrer Kinder, sie schimpfen, lamentieren, suchen einen Schuldigen – und finden die Lehrer. Dabei gibt es auch auf ihrer Seite gleichgültige Eltern, die ihre Kinder vor dem Fernseher und dem Computer sich selbst überlassen, und Kinder, die sich nicht konzentrieren können und immer seltener und weniger bereit und fähig sind, auch nur die allereinfachsten Regeln des Zusammenlebens einzuhalten. Wie soll man denn da einen vernünftigen Unterricht machen, fragen die Lehrer in routinierter Verzweiflung und beschreiben ihre minderjährige Klientel als bunt gemischten Haufen aus Hyperaktiven, Fehlernährten, Verhaltensgestörten, Hochbegabten und Wohlstandsverwahrlosten, Frühgeförderten, Dyskalkulikern und Legasthenikern, die noch dazu in Sprachen aus aller Herren Ländern schnattern und des Deutschen kaum mächtig sind.

Ist es nicht allzu verständlich, dass Lehrer entweder hilflos mit den Armen rudern, genervt die Augen verdrehen oder wütend die Erziehungsunfähigkeit der Eltern anprangern, wenn man ihnen einmal mehr nahe legt, dass die Schule ihren klassischen Bildungsauftrag heutzutage eben mit einem breiteren erzieherischen Rahmenprogramm ergänzen muss, damit allerlei Bildungssaat überhaupt noch aufgeht, Blüten treibt und irgendwann auch Früchte trägt? Damit der Umbau der »Belehrungsanstalt zu einer PISA-tauglichen Lernwerkstatt« (Peter Struck) gelingt, sind zweifellos größere Anstrengungen nötig – von Eltern und Lehrern. Bei der Frage, wie die Runderneuerung der Schule vonstatten gehen soll, wird noch immer mit dem breiten Pinsel gemalt, der keine Nuancen erlaubt, aber in grellen Farben gleich ein ganzes Rudel von Sündenböcken entwirft. Ein paar wahre Prachtexemplare sind darunter: Eltern, Lehrer, Politiker, Wirtschaftsbosse und die Fernsehmafia sind eigentlich immer schuld. Zur Auswahl stehen sie, je nach eigenem Standort, politischer Präferenz und Befindlichkeit, jedenfalls bereit: Eltern erziehen (wenn überhaupt) ihre Kinder zu rücksichtslosen Karrieristen oder anspruchsvollen Leistungsempfängern, Lehrer sind ihren ungezogenen Schülern nicht mehr gewachsen, die Wirtschaft degradiert sie zu minderjährigen Markenfetischisten, und das Fernsehen gibt Anstand und gutem Benehmen sowieso den Rest.

Soll also deshalb die Schule besser die Finger von der Erziehung lassen und sich aufs Kerngeschäft beschränken – Vokabeln, Formeln und Geschichtszahlen einpauken und mittels Zensuren die Spreu vom Weizen trennen? Ohnehin reagieren Eltern patzig auf Kritik an ihrem Verhalten und wollen sich nicht dreinreden lassen, vor allem nicht in ihren Erziehungsstil und schon gar nicht von den Lehrern. Das Terrain zwischen Lehrern und Eltern scheint schwierig – überall sind Tretminen versteckt, lauern Hinterhalte und tun sich plötzlich Abgründe auf. Eine Dunstwolke aus verqueren Erwartungen, verhohlenen Ansprüchen und wabernden Missverständnissen hängt über dem Gelände.

Dabei habe der Lehrer so viel Verachtung nun wirklich nicht verdient, findet der Hamburger Anglistikprofessor und Bildungsexperte Dieter Schwanitz. Er räumt zwar ein, dass dessen Job beinahe unausweichlich zur Folge habe, dass der Lehrer leicht infantil werde, weil er das Bildungssystem zeitlebens nie verlasse und sich im Übrigen Tag für Tag mit Kindern und Jugendlichen herumschlagen müsse – und ein ständiger Umgang färbe immer auf den Kommunikationsstil der Gegenseite ab. Aber: »Den Job würde kein Manager auch nur einen Monat durchstehen, ohne zu flüchten.« Schwanitz beschreibt in seinem Bestseller ›Bildung‹ das Betätigungsfeld des Lehrers so: »Nämlich eine Horde lernunwilliger, ungezogener, an Fernsehunterhaltung gewöhnter Bestien für die Erhabenheit des deutschen Idealismus zu interessieren, während diese nichts anderes im Sinn haben, als Attacken auf die Würde des Lehrers zu organisieren. Von diesem täglichen Kampf gegen die schiere Unverschämtheit, die sadistische Bösartigkeit und die seelische Rohheit macht sich außerhalb der Schule niemand eine Vorstellung. Und das Abgefeimteste ist: Der Lehrer muss sich die Ungezogenheit und Ruppigkeit seiner Schüler auch noch selber zurechnen lassen: Er ist selbst daran schuld, er hat seine Klasse nicht im Griff, sein Unterricht törnt die Kids nicht an, im Gegenteil, sie fühlen sich angeödet.« Man möchte mal sehen, wie man mit Goethes ›Iphigenie‹ die Kids antörnen soll, fragt der Professor – sicher auch mit Blick auf einschlägige Erfahrungen als Unterrichtender – und legt den Finger auf die Wunde: »Ein Mindestmaß an Zivilisiertheit der Kinder wird als selbstverständliche Mitgift des Elternhauses gar nicht mehr erwartet. Ihr Verhalten wird allein aus dem Unterricht erklärt, während sie in Wirklichkeit an Konzentrationsschwächen und Erziehungsdefiziten aus dem Elternhaus leiden.«

Von den Eltern an die Schule, von der Schule an die Medien, von den Medien an die Wirtschaft und von der Wirtschaft an den Staat – wie eine heiße Kartoffel wird die Verantwortung für moralische Werte und gute Umgangsformen weitergereicht. Nach dem Motto »Erst die anderen« ersparen sich Eltern, Lehrer, Publizisten, Wirtschaftsfunktionäre und Politiker das Kehren vor der eigenen Tür.

Gewinnmitnahmen bei steigendem Kurs: »Family values« im Aufwind

Dabei stehen die Zeichen für eine grundsätzliche Besinnung auf die Frage, welche kulturellen Standards und Leitbilder wir überhaupt vermitteln wollen, gar nicht so schlecht. Der Kurs der »family values« steigt neuerdings wieder und verhilft auch dem Thema Erziehung zu einer ganz ordentlichen Performance. Seit die Deutschen gemerkt haben, dass sie immer weniger werden, rückt auch die Familie wieder ins Rampenlicht als eine Institution, die zu schönsten Hoffnungen genauso wie zu düstersten Befürchtungen Anlass gibt. Für alles, was bei Kindern so schief läuft – von schlechtem Benehmen bis Rechtsradikalismus –, stehen die bekannten Sündenböcke parat: das Fernsehen, die Umwelt, die Schule und nun wieder die Eltern. Hat man im 21. Jahrhundert die Erziehung neu entdeckt, oder möchte man nur erziehen wie einst gehabt?

Politiker, und manchmal auch ihre Ehefrauen, fordern eine familiäre und schulische Werteerziehung. Manche wollen wieder mehr Strenge – das wünschte sich vor drei Jahren die Kanzlergattin Doris Schröder-Köpf von den Eltern. »Wir müssen unsere Kinder wieder mehr erziehen und ihnen Werte vermitteln«, befand sie. Spätes Zubettgehen, zu viel Taschengeld in Kinderhand, Handys in jedem Schulranzen und viel zu viel Fernsehen zählte sie als Beispiele für die mangelhafte Erziehung und den schleichenden Werteverlust auf. Dabei gehe es ihr aber nicht um »konservative Klischees«, sondern um »Tugenden und Werte, die wir von Generation zu Generation weitergeben müssen«. Die Kanzlergattin nennt Aufrichtigkeit, Pflichtbewusstsein und Fleiß, von Verantwortungsbewusstsein spricht Alt-Bundeskanzler Schmidt. Nächstenliebe und Hilfsbereitschaft zählt Minister Clement hinzu. Aber müssen in dem Wertepäckchen, das von der Familie geschnürt werden soll, nicht einfach nur Verlässlichkeit, Regeln und Liebe stecken?

Pünktlichkeit, Höflichkeit, Zuverlässigkeit und Ehrlichkeit schreibt der saarländische Bildungsminister Jürgen Schreier auf die Wunschliste der Tugenden. Warum nicht Tapferkeit, die beispielsweise Platon in seinem Tugendkatalog aufführt? Oder Solidarität, Bürgermut und Kritikfähigkeit, die von der Hamburger Bürgerschaft als allgemeines Lernziel formuliert wurden? Allerdings wurden diese Tugenden schon vor achtundzwanzig Jahren wieder aus dem Programm genommen.

Wie Werte überhaupt an den Jungen oder das Mädchen in der Schule gebracht werden sollen, ist bislang ebenfalls umstritten. Für die unpopuläre, weil furchtbar unbequeme Ansicht, dass man Werte durch Lebensformen beglaubigen muss und die gewünschten Verhaltensweisen weder erzwingen noch befehlen kann, steht der Pädagoge Hartmut von Hentig. »Erwachsene können die gewünschte Lebenshaltung nicht einfach lehren, sie den Kindern eingeben wie eine Medizin oder wie einen kräftigenden Lebertran. Sie selber müssen sie dem kleinen Menschen vorleben. Wie viel erfreulicher ist es, wenn wir uns so verhalten«, beschreibt er die wünschenswerte Einsicht, ohne die eine wie auch immer geartete Werteerziehung keine Aussicht auf Erfolg hat. Kinder müssten daran teilnehmen können, bis sie eines Tages von sich aus sagen: Das ist gut. Werte lägen immer im Streit miteinander, sagte Hartmut von Hentig der ›Frankfurter Rundschau‹ im Juli 2001, und auch ihre Rangfolge ändere sich. »Wer in Freiheit lebt, muss nicht für sie auf die Barrikaden gehen. Er hat vielleicht mit ihren ungewohnten und ungewollten Folgen zu tun. Er beginnt Ordnung zu schätzen. Verloren geht ein Wert wie Freiheit nicht, nicht einmal der Wert Ehre. Sie nehmen einen anderen Platz ein.«

Vielleicht geht es ja auch um Umfrage-Werte: Kaum hatte der saarländische Bildungsminister seine Werteoffensive angekündigt und dann zügig eine Expertenkommission mit der Erarbeitung des Handbuches mit Benimm-Bausteinen beauftragt, stellte im August 2003 eine Umfrage des Meinungsforschungsinstitutes Infratest dimap im Auftrag des ARD-Morgenmagazins fest, dass 77 Prozent der Bundesbürger die Einführung des Benimm-Unterrichts an den Schulen begrüßen. Und wie gern Politiker Dinge sagen, die auf beinahe 80 Prozent Zustimmung in der Bevölkerung stoßen, weiß heute auch schon jedes Kind.

Es gibt viel zu tun, fangt ihr schon mal an!

Im kleinen Grenzverkehr zwischen Schule und Elternhaus regiert ein meist unerfreulicher Schlagabtausch, der nach dem gleichen Schema funktioniert wie das Hin und Her zwischen Geschwistern, die man auffordert, den Abendbrottisch zu decken. »Immer ich!« heißt die Parole, und der anklagende Zeigefinger zielt ganz von selbst auf den anderen. Jeder weist darauf hin, was er schon alles getan habe, und erfindet Argumente, warum doch deshalb jetzt der andere dran sei. Selbstredend kommt nicht ein einziger Teller auf den Tisch, während der Disput an Lautstärke gewinnt. Irgendwann ziehen sich beide Kinder in die Schmollecke zurück.

Natürlich geht freiwillig keiner mit gutem Beispiel voran und überlegt, was er selbst tun kann – ganz ähnlich, wie wenn es zwischen Eltern und Lehrern um die Zuständigkeit für Erziehung geht. Der größte Beifall für die Appelle der Kanzlergattin brandete vor drei Jahren aus den Rängen der Lehrerschaft auf, die möglicherweise aufgrund ihrer eigenen Überforderung den Ball an die Eltern zurückspielte und beteuerte: Wir Lehrer wollen nicht die Erzieher der Nation sein.

Offenbar gibt es erhebliche Unstimmigkeiten zwischen den Akteuren der Erziehung, die von großer Verunsicherung künden: Wer ist eigentlich für Erziehung verantwortlich? Kann es angehen, dass der Schule aufgehalst wird, was in die Familie gehört? Klar, Eltern legen den Grundstein. Idealerweise lehren sie ihre Kinder Respekt vor den anderen, Rücksichtnahme und Gemeinschaftssinn, schicken sie dann wenigstens halbwegs gut erzogen in die Schule, wo die Lehrer auf festem Fundament die Mauern weiter hochziehen, aus denen ein stabiles Haus entsteht. Was aber, wenn nicht? Darf man Eltern dazu zwingen, ihre Kinder gut zu erziehen? All die kühnen Bögen der Bildung, die hohen Flure des Fleißes, der Beharrlichkeit und des gewissenhaften Arbeitens, die steilen Treppen des Leistungswillens und Ehrgeizes, die Balkone des Wissens und verspielten Giebel der noch unentdeckten Talente, die später die Einzigartigkeit des Gebäudes – sei es ein solides Reihenhaus, eine verträumte Villa, ein moderner Zweckbau oder ein weiträumiger Palast – ausmachen, geraten ohne feste Basis ins Wanken. Darum muss die Schule ergänzend vermitteln; ohne Pünktlichkeit, Disziplin, Gesprächskultur und Rücksicht ist doch auch kein Arbeiten in der Schule möglich. Die Schulleiterin der städtischen Willy-

Brandt-Realschule Herten berichtet von einem weit verbreiteten Kommunikationsproblem, das sie in ihrer 630 Schüler umfassenden Schule mit den Eltern hat: »Die Eltern sind nicht in die Gremien zu bekommen, sondern befinden sich in einem Kampf mit der Schule.« Eltern und Lehrer verstehen sich auf der Baustelle Erziehung höchstens ausnahmsweise als aufeinander angewiesene Gewerke. Sie begreifen oft nicht, dass sie gemeinsam für ihre Kinder und Schüler haften und besser beraten wären, wenn sie kooperierten, damit das Ergebnis sich sehen lassen kann. Dabei ziehen sie doch eigentlich an einem Strang – wenn auch leider viel zu oft an zwei verschiedenen Enden. Passen auch Eltern und Lehrer einfach nicht zusammen?

Jahrhundertelang hat diese Arbeitsteilung, wonach die Familie erzieht und die Schule bildet, ja auch irgendwie funktioniert. Doch da war das Ziel klarer umrissen, die Marschrichtung vorgegeben: Die Obrigkeitsstaaten von Kaiser Wilhelm, Adolf Hitler und Erich Honecker brauchten Untertanen, keine mündigen, kritikfähigen, selbstbewussten Bürger, die imstande sind, die Achtung des anderen aus der Selbstachtung zu gewinnen, und die ihr Selbstvertrauen aus ihrer Fähigkeit zu einer verantwortlichen Lebensführung beziehen. Demokratische und pluralistische Gesellschaften wie unsere hingegen erlauben Eigentümlichkeit des Einzelnen, begrüßen Meinungsvielfalt und stellen auch im Hinblick auf die Werte, denen man anhängt, eine gewisse Wahlfreiheit anheim. Sie müssen sich um die Zustimmung und Mitwirkung junger Menschen bemühen, wenn sie ein bestimmtes Verhalten wünschen. Mehr noch: Sie sind auf Glaubwürdigkeit angewiesen, wenn sie überzeugen wollen. Das ist schön, macht aber – frei nach Karl Valentin – auch viel Arbeit. Keine Clique von Alpha-Männchen kann mehr von oben herab bestimmte Werte verordnen, die in bestimmten Umgangsformen ihren Ausdruck finden und in Gestalt von verbindlichen Normen Gehorsam heischen. Eine stilbildende Gesellschaftsschicht suchen wir vergebens – und vermissen sie auch nicht wirklich. Nur leben wir ungern ohne Orientierung: Wo also können wir noch etwas über das gesellschaftliche Vokabular erfahren, das alle verstehen? Wo über hehre Werte und ihren wahrnehmbaren Ausdruck in gedeihlichen Verhaltensstandards diskutiert wird, schimmert immerhin noch die Ahnung auf, dass gute Umgangsformen nicht mehr, aber auch nicht weniger als ein Schleichweg zu Wandel und Verbesserung sein können.

Kein Politiker, kein Lehrer und auch kein Elternteil kann heute die Jugend einer Werteerziehung unterwerfen, ohne sich fragen lassen zu müssen, was genau er damit eigentlich meint – und wie er selbst es damit hält. Niemand kann heute einen anderen mehr zu gutem Benehmen zwingen, Höflichkeit ist optional. Der Erzieher muss sich – als Lehrer wie als Elternteil – um die Zustimmung des zu Erziehenden bemühen und begründen, was er fordert oder verbietet. Die Lage ist komplex, die Gesellschaft sowieso, und das Gelände, auf dem sich Eltern und Lehrer von Angesicht zu Angesicht gegenüberstehen, wirkt recht unübersichtlich. Könnte es ein zentraler Aspekt der Probleme sein, dass Eltern und Lehrer verlernt haben, miteinander zu reden? Sind die Gesprächsbereitschaft und die Fähigkeit, einander aufmerksam zuzuhören, zwischen den Protagonisten der Erziehung abhanden gekommen?

Schulaufgaben für Lehrer ...

Doch ob die Lehrer sich dafür qualifiziert und verantwortlich fühlen oder nicht: Die Kinder verbringen so viele Stunden des Tages in der Schule, dass sich die Schule um ihre Erziehungsaufgabe gar nicht drücken kann. Alles, was dort geschieht oder nicht geschieht, alles, was ein Lehrer tut oder eben unterlässt, erzieht mit. Erziehung ist nicht Säen, Gießen und Jäten in einem ordentlichen Garten mit eingefassten Beeten, wo in der einen Parzelle Kartoffeln wachsen, in der anderen Wissen und Bildung. Die Zeit zwischen acht und vierzehn Uhr ist ein ganzes Biotop, da wächst alles durcheinander: das Bildungsgemüse, die Erziehungskräuter und die Blumen des Wissens – und das bleibt die ganze Schulzeit hindurch so.

Ihr einstiges Drohpotential hat die Schule längst verloren. Gut so! Der Lehrer als Hilfspolizist und die Schule als verlängerter Arm des Obrigkeitsstaates haben abgewirtschaftet, und an aufmuckenden, selbstbewussten und auch widerborstigen Schülern herrscht wahrhaftig kein Mangel. Heute antworten Kinder einem Hausmeister, der sie ermahnt, das Kaugummipapier in den Abfalleimer zu werfen, dass ihre Eltern ihnen gesagt hätten, sie bräuchten sich so eine Zumutung nicht gefallen zu lassen. Oder sie reagieren auf die Aufforderung der Erzieherin, am Ende des Tages Papierschnipsel, Schere und Kleber wegzuräumen, mit Verwunderung: »Warum soll ich das denn machen? Dafür bist du doch da!« Hin und wieder hört man von sich prügelnden Grundschülern, die, gut gebrieft von ihren Mittelschichteltern, die Lehrerin anschreien, die gerade die beiden Kampfhähne trennen will: »Du darfst mich nicht anfassen.«

Heute haben Lehrer vor allem Acht zu geben, dass sich nicht der Lauteste, Rücksichtsloseste und Unverschämteste auf Kosten aller anderen in der Klasse durchsetzt. Oft fehlt ihnen dazu außer der professionellen Entschlossenheit auch noch die notwendige Rückendeckung der Eltern: Manche sehen es nämlich gar nicht so ungern, wenn ihr Kind ein wenig rücksichtslos ist, wobei sie dieses Benehmen dann Durchsetzungsfähigkeit nennen. Soziales Verhalten scheint vorerst nicht angesagt – in den Pausen genauso wenig wie in der Zeit dazwischen. Sich in einen anderen Menschen hineinzuversetzen, Rücksicht zu nehmen, Gegenseitigkeit und Gemeinschaft zu pflegen und zusammenzuarbeiten ist alles andere als selbstverständlich. Das genaue Gegenteil davon scheint Trumpf: In der Regel geht es darum, sich selbst aggressiv durchzusetzen. Und man darf als Mutter oder Vater ja durchaus ins Grübeln über die Frage kommen, ob man seinem Kind einen Gefallen tut, wenn man es zu Höflichkeit, Rücksicht und Freundlichkeit anhält, während auf dem Schulhof und in den Stunden dazwischen gemobbt wird, was das Zeug hält, und die Ellbogenmentalität immer weitere Kreise zieht. Wirkt anerzogene Höflichkeit und Rücksichtnahme da nicht gar wie ein Klotz am Bein des freundlichen Kindes, das sich im Konkurrenzkampf mit Altersgenossen bewähren muss, die von solchen Verhaltensbeschränkungen unbelastet um sich schlagen?

… und Hausaufgaben für Eltern

Die grassierende Kumpelhaftigkeit von Eltern, die ihren Kindern zu Hause erklären, dass ein Tadel überhaupt nix bedeute und man, na warte, dem blöden Typen von einem Lehrer ganz gehörig an den Karren fahren werde, gleich morgen, jawoll, ist allerdings auch nicht hilfreich. Die gründliche Demontage der Lehrer-Autorität durch die Protagonisten und Epigonen der Studentenbewegung hat neben der erwünschten auch unerwünschte Nebenwirkungen gehabt, die sich heute als vulgarisierte Restbestände der 68er-Libertinage mit der ganz normalen Bequemlichkeit mischen. Eltern drohen zu Hause nicht mehr mit dem strengen Lehrer und respektieren ihn auch selbst nicht mehr als fachliche oder pädagogische Autorität. Wir versagen Lehrern die Autonomie, aus deren Anerkennung Respekt überhaupt erst hervorgeht. Erst wenn wir davon ausgehen, dass jemand weiß, was er tut, auch wenn wir es nicht verstehen, gewähren wir einem anderen Menschen Autonomie. Und umgekehrt: Auch Eltern oder Schülern muss diese Unabhängigkeit zugestanden sein, denn sie wissen Dinge über das Kinderhaben oder das Lernen, von denen ein (kinderloser) Lehrer vielleicht gar keine Ahnung hat.

Moderne Eltern stehen im Allgemeinen gnadenlos auf der Seite ihrer Kinder, und das ist für sich genommen ja auch nichts Schlechtes. Dem Kind den Rücken zu stärken, wenn es einen Lehrer erwischt hat, mit dem es nicht klarkommt, der es beleidigt, ungerecht behandelt, entmutigt oder demütigt – das ist sinnvoll und berechtigt. Aber den Lehrer nicht als vertrauenswürdigen, gut ausgebildeten anderen Erwachsenen zu sehen, sondern mit den Augen des Kindes zu betrachten, auch mit den Augen des Kindes, das man selbst einmal war – das kann nicht angehen. Eltern, die nicht aufpassen, und Eltern, die es nicht besser wissen und den schmalen Grat zwischen starkem und erdrückendem Einfluss nicht sehen wollen, mutieren zu besten Freunden ihrer Kinder, anstatt die Verantwortung für sie zu übernehmen.

Rosenkriege auch hier

Im Falle einer Trennung oder Scheidung raten Experten dringend und mit den besten Gründen dazu, dem Kind auf jeden Fall Loyalitätskonflikte zu ersparen, indem man die Zähne zusammenbeißt und nicht über den Erziehungspartner herzieht. Die Parallele zwischen getrennt lebenden Müttern und Vätern auf der einen, Eltern und Lehrern auf der anderen Seite sei erlaubt: Ist es wirklich klug, im Beisein der Kinder über die Lehrer zu schimpfen oder spontan empört auf jede Äußerung des Kindes zu reagieren (»Mama, der neue Mathelehrer ist total gemein!«) und, noch bevor man sich ein Bild von dem Fall gemacht hat, zum Telefon zu greifen (»Er hat uns nämlich übers Wochenende ganz viele Hausaufgaben gegeben!«)? Wie soll ein Kind einen Erwachsenen respektieren und achten, der bei ihm zu Hause einen derart schlechten Ruf genießt? Wie soll ein Kind von einem Erwachsenen lernen können, dem die Eltern nicht zutrauen, dass er ihm etwas beibringen kann?

Vor allem lieb soll der Lehrer sein, nicht zu viel vom Kind verlangen und immer spielerisch vorgehen – das gehört zumindest bei Grundschullehrern zur Arbeitsplatzbeschreibung. Man muss nur einmal mit ansehen, wie ein bevorstehender Lehrerwechsel für das kommende Schuljahr die Eltern einer Grundschulklasse in Panik versetzt. Sie gleicht dem Aufruhr, den der Fuchs im Hühnerstall auslöst. In aufgeregt schnatternden Grüppchen überbieten sich besorgte Eltern geradezu mit wilden Spekulationen, Gerüchten und ärgsten Befürchtungen über den neuen, noch unbekannten Lehrer und die möglicherweise fatalen Auswirkungen eines Lehrerwechsels auf die so störanfällige kindliche Entwicklung.

Auch die unzähligen Elternabende, Adventsnachmittage und Sommerfestchen, die Eltern im Laufe der Schuljahre ihrer Kinder absolvieren, illustrieren den Sachverhalt, dass der Lehrer den Eltern über alles Rechenschaft schuldig ist, was er mit den lieben Kleinen den lieben langen Vormittag veranstaltet. Da bestehen Eltern im Gespräch mit dem Grundschullehrer darauf, fünf verschiedene Didaktiken zum Schriftspracherwerb ihrer Erstklässler gründlich zu erörtern, und drangsalieren ihn mit peinlichen Fragen wie der, warum die Parallelklasse im Mathebuch schon drei Seiten weiter ist als die, welche das eigene Kind besucht. Beim nächsten Elternabend diskutieren die achtundzwanzig Mütter und Väter von vierzehn Schulanfängern eine geschlagene Stunde lang darüber, wie und auf welchem Weg den Kindern auf Klassenfahrt die Postkarte zugehen soll, die zu schreiben die Lehrerin von den Eltern erbeten hat. Soll man die Karten vorab der Lehrerin mitgeben? Soll jeder einzeln schreiben und schicken, wann er will? Oder soll doch besser der Elternvertreter die Karten einsammeln, die Aufgabe, vierzehn Postkarten in den Briefkasten zu werfen, also ihm zu treuen Händen anvertraut werden? Ein weiteres Beispiel ist die ehrlich besorgte Frage der Mutter eines Sechstklässlers an dessen Klassenlehrer, ob denn für die bevorstehende Klassenfahrt, die fünf Übernachtungen in der Jugendherberge beinhalten wird, auch gewährleistet sei, dass den Kindern nachts eine Flasche Wasser ans Bett gestellt werde. Dies für den Fall, dass sie nachts durstig sind – wie ihr eigener Sohn übrigens immer, deshalb sei es wichtig, das mit der Wasserflasche zu besprechen. Am liebsten hätte sie den Mathelehrer mit Handschlag dazu verpflichtet, abends für die Sprudelflasche zu sorgen. Das klingt nur wie ein Einzelfall, in Wahrheit sind solche Geschichten Legion.

Der inständige Wunsch, das Kind solle sich immer wohl fühlen und nichts missen, wobei der Lehrer auf verantwortungsvolle Weise irgendwie der verlängerte Arm der fürsorglichen, behütenden Eltern sei, hat einen Zwillingsbruder in der Art, wie Eltern sich wünschen, dass Wissen vermittelt wird: Ohne Druck vor allem, mit spielerischer Leichtigkeit soll das alles vonstatten gehen, am besten immer mit bunten Bildern und lustigen Cartoons – gleich, ob es nun um Akkusativobjekte geht, um binomische Formeln, »if-clauses« oder was sonst noch an schwierigen Lerninhalten im Unterricht auf das arme Kind zukommt. Und wehe den Lehrern, die dem Kind zu viel abverlangen!

Dass man dem Lehrer schon von vornherein nicht die pädagogisch-professionelle Kompetenz zutraut, bei Meinungsverschiedenheiten mit den Eltern das Kind nicht in Mitleidenschaft zu ziehen, scheint sogar in der mittlerweile automatisch geäußerten Befürchtung auf, der Lehrer könne das Kind schlecht behandeln, wenn man ihn kritisiere. Der Versuch, besonders Grundschullehrer in Pflegehandlungen fürs Kind einzubinden, gehorcht dem Impuls, vor allem den Imperativ des kindlichen Wohlfühlfaktors als gemeinsamen Nenner zu finden.

Eltern stecken im Zwiespalt: Sie wollen, dass ihre Kinder die besten, höchstmöglichen Schulabschlüsse erreichen, und bezahlen Nachhilfestunden ohne Ende. Aber sie haben sich weitgehend von der Idee verabschiedet, respektierte Erzieher zu sein, und streben stattdessen mit Herzenskräften die Position des besten Freundes ihres Kindes an – und nehmen ihrem Nachwuchs in dieser distanzlos zärtlichen Belagerung die Luft zum Atmen.

Scharmützel im Grenzgebiet

Auf der anderen Seite erziehen auch viele Lehrer höchstens halbherzig. Beim kleinsten Widerstand berufen sie sich auf ihre weltfremde Erwartung an die Eltern, diese mögen ihren Kindern die Voraussetzungen für eine sinnvolle Teilnahme am Unterricht schaffen, und ziehen sich beleidigt auf die Aufgabe zurück, die gestern vielleicht noch ihre war: die Vermittlung von Wissen. Selbst wenn das möglich wäre: Eltern können den Lehrern ihren Teil der Erziehungsaufgabe nicht abnehmen.

Umgekehrt ist aber Schule – mit ihrem 45-Minuten-Takt, dem Fachlehrer-Prinzip, den voneinander abgeschotteten Fächern und dem auf Belehrung und Überprüfung ausgerichteten Pensum – bislang nicht durchgängig auf Erziehung angelegt. Da bleibt wenig Raum für Vorbilder, die wirken, weil sie etwas vorleben.

Gehen die Lehrer gern in die Schule?

Das Ansehen der Lehrer ist außerdem schwer angeschlagen – ihre Gesundheit übrigens auch. Die mangelnde gesellschaftliche Anerkennung ihres Berufs nennen Lehrer zusammen mit der Belästigung durch Lärm im Klassenraum, schwierigen Schülern, überehrgeizigen oder gleichgültigen Eltern, schlechtem Zeitmanagement der Lehrer selbst, aber auch schlechtem Klima im Kollegium als häufigste Beispiele für Kränkungen, die Lehrer krank machen. Sie gehen offenbar mehrheitlich nicht gerne in die Schule. Schlechtes Benehmen im weitesten Sinn als Ursache dafür, dass Frust, Stress und Krankheit den Lehreralltag beherrschen? Die Studie des Potsdamer Psychologen Uwe Scharrschmidt macht jedenfalls das Ausmaß deutlich, in dem Lehrer an Burnout-Symptomen leiden. Seine Bestandsaufnahme unter 7000 Lehrern rückt den Umstand in den Blick, dass gesunde, selbstbewusste Lehrer, die auf ihre Kompetenzen vertrauen können, erfolgreicher sind und ihre Aufgabe meistern können – wenn sie die Kinder ernst nehmen und ihnen vorleben, dass ihre eigenen Worte keine leeren Phrasen sind. Ausgebrannte, kranke und frustrierte Lehrer können das nicht, sie hasten nur ihren Aufgaben hinterher, haben jedes Selbstvertrauen eingebüßt.

Mittlerweile erkennen nicht nur Finanzminister, welcher gesamtgesellschaftliche Schaden entsteht, wenn so viele Lehrer über lange Zeit krank sind und immer früher in den Ruhestand gehen. Da muss sich etwas ändern: Sollten nicht eigentlich die Besten eines Jahrgangs auf Lehramt studieren und nicht die, deren Abi-Note für Jura oder Medizin nicht reicht, neben denen, die in Krisenzeiten die sichere Seite lebenslanger staatlicher Alimentierung anpeilen, und den Orientierungslosen, denen sonst nichts anderes einfällt? Wo sind die Lehrer aus Leidenschaft – diejenigen mit Augenmaß und dem Mut, Verantwortung zu übernehmen? Das Ansehen des Lehrerberufs müsste steigen, das heißt: Wir alle müssen sein Ansehen steigern – die Politiker, indem sie viel mehr Geld in Lehrerstellen investieren; die Bildungsexperten, indem sie über eine bessere Ausbildung nachdenken; die Lehrer, indem sie miteinander reden, sich selbst und sich gegenseitig bestärken und nicht allein vor sich hin wursteln; und wir Eltern, indem wir uns klar machen, was von einem Lehrer heute verlangt wird, der ja möglichst individuell auf vielfältige Befindlichkeiten und eklatante Mängellagen eingehen sollte. Fachlich kompetent muss er selbstverständlich sein, aber auch Sprach- und Spieltherapeut, Kommunikationstrainer, Lernpsychologe, Sozialarbeiter und neuerdings auch noch Benimm-Lehrer. Hand aufs Herz: Wer von uns würde das hinkriegen, alles auf einmal?

Vielleicht ist ein Klassenlehrerstudium ein Schritt zur Lösung, eine Art Nachqualifizierung der Lehrer für ihren gewachsenen Aufgabenbereich. »Wir können es uns nicht länger erlauben, dass hundert Prozent aller Lehramtsstudenten zu Lehrern für Fächer ausgebildet werden«, moniert der Erziehungswissenschaftler Peter Struck. Sechzig Prozent dieser Lehrer wären auch genug, meint er, die anderen vierzig Prozent brauchten einen Studiengang, »in dem sie Erziehungswissenschaft wie bisher studieren und ein Fach wie bisher. Das zweite bisherige Unterrichtsfach muss durch ein Bündel aus Hirnforschung, Lernpsychologie, Ernährungskunde, Bewegungserziehung, Spielpädagogik, Gewalt- und Suchtprävention, Verhaltensgestörtenpädagogik und einigen medizinischen Anteilen ersetzt werden: damit Lehrer individuell auf Aufmerksamkeitsstörungen, Hochbegabungen und vieles mehr reagieren können.« Zu diesem Bündel müsse aber auch der Aspekt »Elternschaft lernen« gehören, merkt er nachdenklich an. »Denn auch langfristig wird Schule nicht Reparaturbetrieb der Gesellschaft werden können, nicht die Erziehung des Elternhauses komplett übernehmen können.« Es wird nicht genügen, allein die Schule in die Pflicht zu nehmen. Dass die Eltern gefordert sind, ist keine Frage. Und wer sein moralisches Stützkorsett zu Hause erworben hat, der hält auch den Gruppendruck in Sachen Handy, Klauen, Kiffen und Kloppen besser aus. Was aber ist mit den anderen?

Der kleinste gemeinsame Nenner muss noch gefunden werden

In der Familie wird erzogen, in der Schule wird auf dieser Erziehung aufgebaut, indem Wissen, Kenntnisse und Fertigkeiten vermittelt und auch die Persönlichkeiten gebildet werden. Eltern haben die Verantwortung für ihre Kinder und dafür, sie fit für die Welt und das Leben zu machen. Aber wenn sie selber schlechte Vorbilder sind? Dann sind alle gefragt: Eltern sowieso, die Lehrer und die ganze Gesellschaft müssen begreifen, dass Zügellosigkeit und Beliebigkeit nicht länger hinzunehmen sind, weil sie sich zerstörerisch auf das Miteinander in allen Lebensbereichen auswirken – nicht nur in den Schulstunden am Vormittag, sondern lange über den letzten Gongschlag hinaus. Das vermisste gute Benehmen und die Kenntnis gewisser Regeln müssen nicht nur öffentlich eingefordert, sondern auch erkennbar vorgelebt werden – nicht nur, aber am besten zuerst in der Familie. Und dabei brauchen Eltern Unterstützung.

Moderne Erziehungswissenschaftler haben die ange-stammte Vorwurfshaltung gegenüber der Elternschaft längst aufgegeben und setzen, wie der Hamburger Pädagoge Peter Struck, nun auf Hilfe statt Strafe: »Wir brauchen Lehrer, die in der Lage sind, mit einer auf Eltern zugehenden Pädagogik, Müttern und Vätern über Hausbesuche, Elternstammtische oder Elternabende bei der Erziehung zu helfen«, schreibt Peter Struck in der ›Süddeutschen Zeitung‹ vom 12. September 2003. »Denn die Schule ist die einzige Lebenswelt unserer Gesellschaft, die noch sämtliche junge Menschen bewusst erzieherisch zu erreichen vermag, weil wir eine Schulpflicht haben.« Nie wieder im Leben hat man sie alle so schön beieinander wie in der Zeit zwischen sechs und sechzehn Jahren und das montags bis freitags von acht bis zwei Uhr. Schule kann viel richten, was zu Hause schief gelaufen ist.

Eltern werden ist nicht schwer,
Eltern sein dagegen sehr …

Darf eigentlich in einer offenen, freien und pluralistischen
Gesellschaft jeder seine Kinder erziehen, wie er will? Oder
nach Lust und Laune dick sein, rauchen, so früh im Leben, so
viel und wo immer es ihm gefällt? Oder stört es uns, dass das
Einstiegsalter beim Rauchen immer weiter sinkt, dass der
Anteil rauchender Kinder und Jugendlicher in keinem europäischen Land höher ist? Dass jedes dritte Schulkind zu dick
ist? Dass sich Erstklässler auf dem Schulhof mit Ausdrücken
beschimpfen, die auch einem gestandenen Bewährungshelfer
die Schamröte ins Gesicht treiben dürften? Dass die gefühlte
Temperatur unseres sozialen Klimas sinkt? Und auch dass
man den korrekten Gebrauch von Messer und Gabel bei
keinem Achtjährigen mehr als selbstverständlich voraussetzen
darf, geschweige denn eine Entschuldigung erwarten kann,
wenn einem soeben eines der Kids mit dem Skateboard über
die Füße gefahren ist?

Wechselseitiges Fertigmachen, dreistes, hemmungsloses
Dazwischenreden, der abgewandte Blick und das verschlosse-
ne Ohr, stures Beharren und die merkwürdige Angewohnheit,
sich von vernünftigen Argumenten nicht im Geringsten beeindrucken zu lassen, die geballte Unfähigkeit, gepaart mit
dem Unwillen, die eigene Befindlichkeit hintanzustellen und
Situationen aus dem Blickwinkel des anderen zu betrachten –
solcherlei Grobheit und Ignoranz sind hierzulande längst zur
Normalität geworden. Dazu bekräftigt ein allgegenwärtiger
Terminterrorismus, der zeitaufwändige Floskeln und Formen
der Höflichkeit längst zum Verschwinden gebracht hat, das
Bild, das auf Straßen und Bildschirmen längst stilbildend

wirkt – bis weit in die Familien hinein. Die Hinweise auf eine Art kollektiver seelischer Verwahrlosung mehren sich, besonders wenn es um Erziehung geht. Der umstrittene Begriff kommt neuerdings selten allein daher, sondern wird immer häufiger durch einen zweiten ergänzt: -verunsicherung, -notstand oder -katastrophe.

Schon das Wort wirkt so befremdlich wie unzeitgemäß: Mit »Erziehung« assoziiert man unweigerlich auch Dressur und Drill, Abrichtung und Zwang. Eigentlich hat der Begriff nur den vagen Vorteil, dass alle Menschen eine Vorstellung davon haben, was damit ungefähr gemeint ist. Dabei halten sich die meisten zugleich für Experten – schon aus Erfahrung. Weil jeder mal ein Kind war oder sogar ein Kind hat, glaubt auch jeder, etwas von Erziehung zu verstehen. Und weil jeder Eltern hat, die Fehler gemacht und Versäumnisse zu verantworten haben, steht das kollektive Versagen dieser bedauernswerten Menschen auch so gnadenlos im Rampenlicht. Eltern ziehen sich diesen Schuh durchaus an. Sie wissen, wie viel sie bei der Erziehung ihrer Kinder falsch machen können.

Die Erkenntnisse der Psychologie aus den letzten hundert Jahren sind ein Segen, aber auch ein Fluch: Sie haben nicht wenige Eltern in Angst und Schrecken versetzt. Auf den Schock, für alle möglichen Fehlentwicklungen beim Kind verantwortlich zu sein, reagieren wir mit nachhaltiger Verunsicherung, nicht selten mit Lähmungserscheinungen. Dass das eigene Kind missraten sein könnte, weil ihm ein Erziehungsbrei verabreicht wurde, der gründlich verdorben ist und dessen Zutaten teilweise noch von den eigenen Großeltern stammen, bringt Schuldgefühle und Zweifel hervor und nährt die Furcht, etwas falsch zu machen.

Das führt nicht zum Handeln, sondern zum Gegenteil – Schuldgefühle lähmen den Willen zur Tat. Wenn man so viel verkehrt machen kann, ist es wohl besser, überhaupt nichts zu tun und den Dingen ihren Lauf zu lassen. Alles andere würde

Tatkraft, Entschlossenheit und einen gewissen Gestaltungswillen voraussetzen. Denn nur aus einer Haltung von Verantwortlichkeit heraus kann man überlegen, wie die eigenen Prinzipien beschaffen sind und welche davon es verdienen, an die eigenen Kinder weitergegeben zu werden.

Wuchernde Schuldgefühle aber geben einen guten Nährboden für Verunsicherung, Verweigerung, Notstand und Katastrophen – die neuen ständigen Begleiter der Erziehung. Der Sinn für Verantwortung erscheint dagegen als das reinste Kraftfutter für den Willen, seine Erziehungsaufgabe zu erfüllen, das heißt, den Kindern Einfühlungsvermögen, Disziplin, Hilfsbereitschaft, Ehrlichkeit und Gemeinschaftssinn beizubringen.

Schwindende Verbindlichkeiten

Unübersehbar schwindet heute die Bereitschaft, anständig für Kinder zu sorgen, ihnen Maßstäbe zu vermitteln – und zwar nicht nur in Milieus, in denen der Fernseher auch dann noch weiterläuft, wenn der Familienhelfer vom Amt vorbeikommt, sondern genauso in den ratgebergeschulten, psychologisch durchaus beschlagenen und gleichwohl verunsicherten Mittelschichten. Wer wollte anderen Leuten – oder auch den eigenen Kindern – wirklich etwas vorschreiben? Die Fähigkeit zur Erziehung kommt offenbar auch auf hohem Niveau abhanden, wo viele Eltern sich kaum noch in der Lage sehen, ihren Kindern klare Grenzen aufzuzeigen, ihnen verbindliche Werte weiterzugeben, vorzuleben und ihnen grundlegende Kulturtechniken beizubringen. Dazu zählt auch die Höflichkeit als sichtbarer, fühlbarer und erlebbarer Ausdruck der Werte, die man so gerne hochhält, der pflegliche, zivilisierte Umgang miteinander und ja, auch das manierliche Essen mit Messer und Gabel.

Großzügige materielle Entschädigungen

Es scheint vielen Eltern heute enorm schwer zu fallen, bestimmte allgemeine Verhaltensstandards zuverlässig in ihren Kindern zu verankern. Der Eindruck aus dem Alltag, unterstützt von Büchern, Zeitschriften, Fernsehfilmen, behauptet sich: Durch Grobheit, Abstumpfung und Rücksichtslosigkeit fällt eine wachsende Zahl von Kindern auf, die heute erzogen werden – und ihre Eltern, die sie erziehen sollen, gleich mit.

Oftmals nehmen diese ihre Erziehungspflicht nicht mehr wahr, weil sie das für eine Aufgabe der Erzieherin im Kinderladen oder des Lehrers in der Schule halten; oder weil sie nicht wissen, wie sie ihre Kinder erziehen sollen; oder weil sie, verunsichert durch widersprüchlichen Expertenrat und mit der bloßen Existenzsicherung schon überfordert, abends einfach zu groggy sind, um ihre Kinder zu erziehen; oder weil sie es bei der nötigen emotionalen Zuwendung mit der finanziellen bewenden lassen.

Jahr für Jahr steigen die Summen, über die Kinder und Heranwachsende frei verfügen können. Der Taschengeldsektor ist der einzige Wirtschaftsbereich, der wächst und wächst: Rund tausend Euro darf jedes der sechs Millionen Kinder zwischen sechs und dreizehn Jahren jedes Jahr ausgeben.

Am Kind wird jedenfalls nicht gespart, und wenn ringsherum alles baden geht. Schon gar nicht aus erzieherischen Gründen: Für Taschengeld eine Gegenleistung zu erwarten oder seinen Transfer mit dem Ansinnen zu verbinden, das Sparen, Einteilen und Maßhalten einzuüben, gilt unter Eltern als verpöntes Verhalten hart am Rand der seelischen Grausamkeit und Freiheitsberaubung. Kindern von heute soll es vor allem an nichts fehlen, was für Geld zu haben ist. Ist die gute Kinderstube von einst zur reich möblierten Spielecke verkommen?

Abstandhalter, Ellbogenpuffer, Diskretionszonen

Kein Mensch verlangt heute einem Kind mehr ab, andere Erwachsene mit Knicks und Diener zu begrüßen. Gut so! Kein Mensch zwingt Kinder heute mehr, etwas Gesundes zu essen, das ihnen nicht schmeckt, oder schreibt ihnen ernsthaft vor, was sie anziehen sollen oder wie sie sich gegenüber Erwachsenen zu benehmen haben. Aber warum verhalten sich viele Kinder so seltsam nuancenlos, als gäbe es keine Schattierungen zwischen extremer Schüchternheit und totaler Belagerung? Auch sprachlich verblassen die Zwischentöne – all die kleinen zivilisatorischen Abstandhalter schwinden. Das Siezen fremder Erwachsener wahrt Distanz, die ja auch den Kindern nützt, weil sie schützt. Dass man nicht jedem Bekannten auf den Schoß springen sollte, dass Fremde eher mit »Sie« als mit »du« angesprochen werden, dass es ein distanziert-höfliches Verhaltensmuster gibt: Das müsste man Kindern beibringen, weil sie es von selbst nicht wissen können! Oder ist wirklich jede alte Frau als Oma, jeder alte Mann als Opa zu bezeichnen? Kleinigkeiten, wenn man so will – und doch ergibt die Fülle von Scherben auch ein Bild.

Verallgemeinernde Aussagen über die Kinder von heute oder die Jugend ohne Tugend sind schwierig zu treffen. Aber gewisse gemeinsame Merkmale zeichnen sich ab, die mit den Bedingungen zusammenhängen, unter denen Kinder heute groß werden. Sie sind weniger in der Zahl, verbringen mehr Zeit als jemals eine Generation vorher vor Bildschirmen und in virtuellen Welten, haben ältere Eltern und tragen statistisch ein enormes Risiko, dass ihre Eltern sich trennen werden, lange bevor sie selbst aus dem Haus gehen. Im Zerfall klassischer Familienstrukturen sehen Konservative eine Hauptursache für orientierungsloses Verhalten bis hin zur Verwahrlosung von Kindern. Doch wer so tut, als sei die klassische Kleinfamilie zu viert die allein selig machende Art, in der Kinder aufwachsen und gut erzogen werden können, ignoriert die Tatsache, dass sich auch Eltern in konventionellen Familien trotz Trauschein, regelmäßigem Einkommen und einer Mutter, die nur für die Kinder da ist, mitunter gemein und gleichgültig verhalten, ihre Kinder einengen, drangsalieren, misshandeln, bevormunden oder schlicht alleine lassen. Ungezogene Kinder können durchaus in personell vollständigen Familien heranwachsen, und zufriedene, starke Kinder kommen auch aus kaputten Familien.

Bestandsaufnahme: Was wollen wir weitergeben?

In den Kinderstuben von heute fehlt es auch an Zeit, Geduld, dem Bewusstsein dafür, dass es wichtig sein könnte, einem Kind die Werte der Kultur nahe zu bringen, und der Entschlossenheit, dies auch zu tun – »liebevoll, respektvoll, in Anerkenntnis dessen, was es werden soll«, so umschreibt die Journalistin Susanne Gaschke, wie eine wertvolle Erziehung sein könnte. »Die Instrumente, die diesen Werten – vor allem der Achtung vor der Würde des Mitmenschen – im alltäglichen Umgang Geltung verschaffen, sind die Umgangsformen, auch die Höflichkeit.« Dabei gehe es nicht um die korrekte Benutzung der Hummerzange, auch nicht um Dressur, Kinderabrichtung oder Drill. »Sind Umgangsformen nicht längst entlarvt als bourgeoise Verzierungen, als un-eigentlich, bigott, Stoff für die lächerlichen und traurigen Bemühungen von Benimm-Buch-Autoren?«, fragt Susanne Gaschke und macht den Irrtum verantwortlich, der rund dreißig Jahre lang die antiautoritäre Pädagogik beherrscht habe: »Umgangsformen sind aber kein sinnentleerter, willkürlicher Selbstzweck, sondern der Ausdruck von etwas anderem. Norbert Elias hat das den Prozess der Zivilisation genannt.«

Eltern kämpften an vielen Fronten: gegen Zeitnot und Geldmangel, gegen Unverständnis und Rücksichtslosigkeit der Single-Gesellschaft, gegen die eigene Erziehungsverunsicherung und den Zeitgeist, der das Recht der Kinder auf Erziehung vergessen hat. Man müsse nur einmal betrachten, wie es um die Kinder stehe, deren Eltern den Kampf aufgegeben haben. Warum sind sie offenbar so labil, dass sie jede Frustration augenblicklich als persönlichen Angriff empfinden? Warum sind sie so eigenartig maulfaul, wenn es darum geht, ihre Meinung zu vertreten, ihre Wünsche zu äußern oder ihr eigenes Empfinden in Worte zu kleiden – cool, krass und geil sind im Allgemeinen völlig hinreichend als Vokabeln, um Computerspiele, Mixgetränke oder Popsongs zu kommentieren, Freundschaften und Befindlichkeiten zu beschreiben und Erlebnisse mit einer persönlichen Bewertung zu versehen. Jedwede Begrüßung geht mit Hi! oder Hallo! vonstatten, und der ausufernde Einsatz der immer gleichen Schimpfwörter fällt auch nicht weiter aus dem Rahmen. Ob man sich als liberale Mutter oder grundsätzlich wohlmeinender Vater den Gebrauch unflätiger Wörter einfach verbitten darf, ist unter modernen Eltern bislang noch umstritten. Scheiße!

Die Fragen, die so plötzlich in öffentlichen Debatten und privaten Gesprächen in Deutschland auftauchen, sind Fragen nach vernünftigem Verhalten und richtiger Lebensführung und damit auch nach dem, was eine gute Erziehung eigentlich ausmacht. An vorderster Front stehen dabei die Eltern. Sie kämpfen einen schweren Kampf, weil Erziehung immer auch eine enorme Herausforderung der eigenen Bequemlichkeit bedeutet. Was kann es Mühevolleres, Langwierigeres und Ermüdenderes geben, als für ein Kind wirklich zu sorgen? Sicher, das ganze Glück um Windel, Wandel und die Wunder des Erwachsenwerdens wärmt das Herz auf unvergleichliche Weise und macht das Leben reich. Aber: Immer wieder darauf zu dringen, dass bestimmte Dinge sich gehören und andere nicht, ständig zu ermahnen, ein Vorbild sein, endlose Fragen zu beantworten, Verbote immer wieder zu begründen, Konflikte auszustehen, den Humor dabei nicht zu verlieren und erst recht die Aufgabe zu meistern, Disziplin zu lehren – die Fähigkeit des Einzelnen, sein Verhalten in geordnete Bahnen zu lenken –, das ist wahrlich kein Pappenstiel.

»Eltern« kommt von »älter«

Den Eltern obliegt es auch, Kindern immer wieder zu erklären, wozu Höflichkeit und Distanz im zwischenmenschlichen Umgang überhaupt gut sind. Kein Zweifel: »Man muss sie belehren, weil man als Erwachsener etwas besser weiß, als sie selbst es wissen können«, spricht Susanne Gaschke einen unpopulären Gedanken aus. Sie fahndet nach einem möglichen Grund dafür, dass vielen Eltern diese Erkenntnis überaus unbehaglich ist. »Belehrung oder Unterweisung setzt eine Erwachsenenrolle voraus, mit der sich die nominellen Erwachsenen immer weniger identifizieren können.« Der allgegenwärtige Jugendkult unserer Gesellschaft ist es, der die Aufgabe so unendlich erschwert. Zum Diktat des Ewig-jung-Seins passt die Elternrolle schlecht, denn sie macht die Menschen unweigerlich älter. Es ist verdammt schwer, jung und unbeschwert zu wirken, wenn man für jemand viel Kleineren sorgt. Dazu kreieren die Einflüsterungen der Konsumgüterindustrie, die Schmeicheleien der Mode, das Wispern der kindlichen Gesellschaft eine große Verlockung, sich über die Tatsache hinwegzutäuschen, dass man, sobald man nicht mehr nur Eltern hat, sondern selbst zu Mutter oder Vater geworden ist, die Seiten gewechselt hat.

Unwiderruflich gehört man zur älteren Generation, in deren Aufgabenbereich es auch fällt, die jüngere Generation anzuleiten, soziales Verhalten und den Erhalt etablierter Werte zu fördern. Früher jedenfalls war das so: »Die Kinder ahmten die Erwachsenen nach und erwiesen den Autoritäten aller Art oft genug mehr Respekt, als für ihre Entwicklung gut war«, beschreibt Robert Bly das Janusgesicht der westlichen Kultur, die er als kindliche Gesellschaft entlarvt. »Allerdings lernten Kinder in der Schule, wie Erwachsene zu sprechen, zu schreiben und zu denken. Elterliche und schulische Erziehung förderten die Hinwendung zu Religion, Auswendiglernen, ethischen Prinzipien und Disziplin.« Das war unstrittig die Domäne von Respektspersonen wie Eltern und Lehrern, bis die Sturmböe von 1968 verstaubte Traditionen hinwegfegte. Sie hat in der Abneigung gegen traditionelle Anstandsregeln bis heute überdauert.

Die kindliche Gesellschaft konserviert jedoch auch pubertären Widerwillen und kindliches Aufbegehren gegen eine anfangs zweifellos von außen auferlegte Disziplin. Erst nach und nach beginnt sich diese als eine echte Selbstdisziplin in der inneren Haltung eines Menschen zu verwurzeln. So enthält die achselzuckende Gleichgültigkeit von erziehenden Erwachsenen heute noch Spurenelemente jugendlichen Aufbegehrens gegen den zivilisatorischen Disziplinierungsprozess, der im Wesentlichen auf drei Dinge abzielt: Selbstbeherrschung, Rücksicht auf andere nehmen und warten können auf das, was man möchte. Der Dauerzustand des Halb-Erwachsenseins, in dem Repression, Triebunterdrückung und Selbstbeherrschung als Kulturtechniken verfemt sind, ist die Grundlage der kindlichen Gesellschaft, in der die Grenzen zwischen den Generationen verschwimmen. »Eltern regredieren auf einen kinderähnlichen Zustand, während die Kinder im Stich gelassen und dadurch gezwungen werden, zu früh erwachsen zu werden, was sie nie ganz schaffen« – so erklärt Robert Bly die aktuelle Neigung von Eltern, Kinder sich selbst zu überlassen. »Warum«, fragt er, »verhält sich eine Gesellschaft, die von ewig Jugendlichen geführt wird, gegenüber Kindern derart gleichgültig?«

Eltern weigern sich heute vielfach und aus den unterschiedlichsten Gründen, ihre Führungsaufgaben im Familienbetrieb zu übernehmen. Sie verzichten auf die Inszenierung ihrer tatsächlichen Überlegenheit und nehmen damit ihren

Kindern auch das Gegenüber, an dem sie wachsen und sich messen könnten. Mütter und Väter diskutieren seltsam hilflos Fragen wie: Darf ich meinem 13-jährigen Sohn verbieten, Handy-Rechnungen von rund 200 Euro im Monat zu produzieren, ohne damit seine sozialen Kontakte ernsthaft zu gefährden? Kann ich meiner 14-jährigen Tochter die elfte Designer-Jeans versagen, nur weil ich gerade meinen Job verloren habe? Oder ihr verbieten, bei ihrem 20-jährigen Freund zu übernachten, obwohl mir doch eigentlich die unbelastete freie Entdeckung ihrer Sexualität so am Herzen liegt?

Schonhaltungen, die verbiegen

Sogar Eltern, die wissen, dass Lesen besser ist als Gameboy-spielen oder Fernsehgucken, finden es schwierig, den Medienkonsum ihrer Kinder zu reglementieren. Sie resignieren angesichts der Weigerung des Kindes, den eigenen Dreck wegzuräumen, und machen es lieber gleich selbst. Sie geben klein bei, wenn unter Hinweis auf Gebräuche in anderen Elternhäusern Taschengelderhöhungen eingefordert werden oder Vereinbarungen über abendliche Heimkehrzeiten immer wieder gebrochen werden. Sie finden Auswege, wenn das Kind kein Gemüse essen will, und kaufen eben vitaminisierte Nudeln. Es ist unendlich mühsam, das kann man verstehen, täglich auf dem Einsatz von Messer und Gabel beim Essen zu bestehen. Aber sind Chicken McNuggets und Schweinetage die Lösung?

Eltern wollen heute keine nörgelnden, unterdrückerischen Alten mehr sein und sich lieber bestens mit ihren Kindern verstehen – und das heißt auch, von ihnen als irgendwie Gleichaltrige, jedenfalls nicht Alte wahrgenommen werden. Kumpelpapas mit Baseballkappe und butterweiche, in Feminismus und Männeraufbruch der 70er, 80er Jahre gestählte Allesversteher wollen ihren Kindern gerne unter allen Um-

ständen nah sein, genauso wie die emsig beflissenen jugendlichen Mütter, die so gerne für die älteren Schwestern ihrer
Töchter gehalten werden.

Diese Eltern geben den Generationenvorsprung auf, aus
dem heraus ihre eigenen Väter und Mütter sie noch anleiteten,
belehrten, erzogen, gegen den die Söhne und Töchter von
früher aber jedenfalls noch solide anstänkern und sogar argumentieren konnten. Zähne stärken sich im Gebrauch – im
Beißen und Kauen von Material, das Widerstand bietet. Was
aber, wenn's nur süßen Brei zu essen gibt?

Wenn Eltern auf ihre Richtlinienkompetenz verzichten,
geben sie auch einen Hintergrund von Autorität auf, der in
kritischen Situationen dann schmerzlich vermisst wird. Eltern
investieren heute emotional in den Nachwuchs und erwarten
hohe Rendite. Gerade weil sie von ihren Kindern so verzwei-
felt gemocht und geliebt werden wollen, halten sie es kaum
aus, wenn der Nachwuchs schmollt, bockt oder einfach ganz
furchtbar traurig ist.

Viel lieber als Erzieher möchten Eltern heute die Kumpel
ihrer Kinder sein: möglichst konfliktfrei, gerne bequem und
vor allem jederzeit in bestem Einvernehmen. Die gute Beziehung zum Kind rangiert als Wert vor dem Wunsch, das Kind
möge etwas fürs Leben aus den gemeinsamen Jahren mitneh-
men: Ausrüstung zählt wenig, der Wohlfühlfaktor viel. Bevor
man sich also mit autoritärem Gehabe vor dem Nachwuchs
der Lächerlichkeit preisgibt, verzichtet man lieber ganz auf
die Durchsetzung von Regeln und hat sich insgeheim schon
lange von der Vorstellung verabschiedet, den Kindern ein
Vorbild geben zu wollen.

Kinder jedoch suchen Orientierung und lernen über Modelle, entweder um sich davon abzusetzen oder indem sie sie
kopieren. Sie brauchen und wollen Vorbilder – und haben es
mit Eltern zu tun gekriegt, die sich wie Gleichaltrige aufführen.

Wie wichtig sind Eltern eigentlich?

Um die ganze Fracht aus Werten, Prinzipien und moralischen Haltungen an ihrem Bestimmungsort, dem Kind, abliefern zu können, müssen Eltern vorweg ihre Bestände mustern und sich über die eigenen Werte und Bedürfnisse klar werden. Das kann ganz schön schwer sein, wenn man – wie alle Eltern – nebenbei auch noch etwas anderes zu tun hat. Im Dauerlauf um Selbstverwirklichung und Geldverdienen bleiben solche tiefgründigen Auseinandersetzungen meist sowieso auf der Strecke. Nicht Liebe, nicht immer nur Geld fehlt, und auch an gutem Willen mangelt es nicht. Zeit ist das Einzige, was die meisten Eltern nicht haben. Deshalb sind sie vielleicht auch so anfällig für frohe Botschaften wie diese: Etwa die Hälfte der menschlichen Persönlichkeit wird von den Genen entschieden. So fasst der Erziehungswissenschaftler Peter Struck den derzeitigen Erkenntnisstand der Wissenschaft zusammen. Die andere Hälfte sei erziehungsbedingt, und zwar in der Weise, »dass sich etwa siebzig Prozent der erbgutunabhängigen persönlichkeitsbestimmenden Einflüsse in dem Zeitraum von neun Monaten vor [!] der Geburt bis ungefähr zum Ende des dritten Lebensjahres ereignen«. Weitere zwanzig Prozent kämen bis etwa zum elften Lebensjahr hinzu, danach blieben noch rund zehn Prozent erzieherische Einflussmöglichkeiten auf die Persönlichkeitsbildung im engeren Sinn. Lernen lasse sich zwar auch danach eine ganze Menge, aber es funktioniert umso besser, je jünger der Mensch ist.

Mit einem erleichterten Seufzer nahmen die erschöpften, gebeutelten Eltern vor einigen Jahren auch die tröstliche Entlastung zur Kenntnis, die ihnen die amerikanische Psychologin Ruth Harris verschaffte: Keine Sorge, Eltern zählen gar nicht, sind eigentlich sogar entbehrlich. Ruth Harris lässt die Peergroup in der Pole-Position auf der Erziehungsrennstrecke starten. Ihre These: Die Erbanlagen prägen den Charak-

110

ter, und den Rest erledigen die Gleichaltrigen. Da muss man also nichts tun, denn da kann man gar nichts machen – außer vielleicht den Kühlschrank gefüllt und das Portemonnaie offen halten. Das schlechte Gewissen darf Pause machen, jeglicher Verantwortungssinn sich entspannt zurücklegen. Doch alles genetisch? Gene tragen allerdings keine Erbinformationen über moralische Werte. Genetisch ist zwar die Grundlage dafür, dass wir Werte lernen können, aber der Prozess muss von elterlicher Fürsorge begleitet sein. Und schon steht die elterliche Fürsorge wieder im Mittelpunkt. Ohne sie geht eben doch nichts. Eltern sind in der frühkindlichen Erziehung die Einzigen, die Werte vermitteln, die den Kleinen den Unterschied von Gut und Böse, Richtig und Falsch nicht nur erklären, sondern vorleben. Später kommt das Sowohl-als-auch, das Unter-bestimmten-Umständen – das Abwägen widerstreitender Maximen – hinzu.

Bewertungskriterien und Handlungsalternativen zur Verfügung stellen: Von dieser Verantwortung kann niemand Eltern freisprechen. Kindergarten, Hort und Schule können da höchstens ergänzen. »Wie man liebt, redet, denkt, handelt, Probleme löst, Konflikte austrägt, gewinnt, verliert, trauert, sich freut – dies alles lernen Kinder zuerst am Beispiel ihrer Eltern. Oder Großeltern«, stellen auch Petra Gerster und Christian Nürnberger in ihrem Buch ›Der Erziehungsnotstand‹ unmissverständlich klar. »Dass man's auch anders machen kann, erfahren sie erst später.« Auch sie räumen mit dem Irrtum falsch verstandener Toleranz auf, wonach Kinder möglichst vorurteilsfrei aufwachsen sollten und nicht vorzeitig und voreilig auf das Wertesystem der Eltern festzulegen seien. Eine wertneutrale Erziehung führt nach dem Eltern- und Autorenpaar zu Heimatlosigkeit: »Wir verhindern, dass sie Wurzeln schlagen, Gewohnheiten bilden, ihre eigene Identität entwickeln, wenn wir sie darüber im Unklaren lassen, was bei uns zu Hause Sitte ist, gut und böse und wichtig oder unwichtig.« Nicht die weltanschauliche Vorprägung sei das

Problem, sondern die scheinbar wertfreie, um nicht zu sagen wertlose Erziehung. An eigenen Wertungen kämen Eltern ohnehin nie vorbei, aber »da, wo sie sich drücken, hinterlassen sie ein Vakuum, das dann von anderen, nicht immer guten [Wertungen] gefüllt wird«.

Lernen am lebendigen Modell

Was sich Kindern im Laufe ihrer Jahre in der Familie als Wertesystem einprägt, wird von vielen Eindrücken gespeist: wie wir bewusst und unbewusst mit ihnen umgehen, aber auch mit dem Partner, den Großeltern und anderen fremden oder bekannten Menschen. Der Download beim Nachwuchs läuft und läuft. Werte kann man genauso wenig sehen wie Luft – aber so wie sich der Flügel eines Vogels nach der Beschaffenheit der Luft formt und deren Eigenschaften abbildet, vermitteln sich Werte über das, was man anderen durch sein Reden und Handeln zeigt – wobei die Tat wichtiger ist als das Reden. Ein Wert wie gegenseitiger Respekt etwa ist jenseits akademischer Disputationen, die auch dazugehören, in erster Linie kommunizierter Ausdruck. Oder sagen wir es in den Worten des Altbundeskanzlers Helmut Kohl: Wichtig ist, was hinten rauskommt.

Was von all den guten Absichten sich in den Köpfen der Kinder verankert, ist möglicherweise auf unser Tun und Lassen als Eltern zurückzuführen, aber auch auf das öffentliche, gesellschaftliche, politische Leben und seine Simulationen am Bildschirm. Tatsächlich kann die Summe dieser Beeinflussungen stärker sein als alle zielgerichteten Bemühungen von Erziehern, betonen die Autoren Gerster und Nürnberger. Genau hier steht ein Brückenpfeiler gesellschaftlicher Verantwortung für Erziehung: »Erwachsene, also auch Personen des öffentlichen Lebens, Sportler, Stars, Politiker, sind deshalb, ob sie es wollen oder nicht, immer auch Vorbilder – sie erziehen unsere Kinder mit. Darum dürfen wir nicht ignorieren, was im öffentlichen Leben geschieht.«

Ein schöner Gedanke – das hätte doch was: wenn sich lügende und stehlende Mannesmann-Manager genauso wie die ungezogenen Politiker, die bei Sabine Christiansen immer durcheinander reden, oder Industrielle, denen die Profitgier, gepaart mit Menschenverachtung, schon aus den Augen springt, und Angestellte aus dem militärisch-industriellen Komplex, die im Recht des Stärkeren waffenstarrend posieren, in ihren Reden und ihrem Verhalten daran messen lassen müssten, was genau sie den Kindern von heute über die Welt und das Leben darin mitteilen. Politiker und Wirtschaftsbosse, die lügen, dass sich die Balken biegen, Korruption, Geldgier und Betrug, die völlige Abwesenheit von Unrechtsbewusstsein, wohin man auch schaut – das befördert die Einstellung: Warum nicht? Tun doch alle!

Weshalb sollte ein Kind wegen einer Lüge ein schlechtes Gewissen haben, wenn es im Alltag erfährt, wie oft die Erwachsenen lügen? Warum sollte ein Kind eine Grobheit unterlassen, einen Fluch unterdrücken, ein Schimpfwort unbenutzt lassen, wenn selbst Erwachsene das nicht schaffen? »Für das Gute zu sein, ist billig«, sagen Gerster und Nürnberger. Denn für das Gute sei jeder, solange es ihn nichts kostet. »Das Gute tun, obwohl es einen etwas kostet, das ist die Aufgabe. Wenn man die Werte, die man verkündet, nicht auch gegen sich selbst und seine Interessen anwendet, dann vermittelt sich dem Kind, dass es offenbar von Vorteil ist, sich selbst nicht beim Wort zu nehmen.«

Das – neben einigem anderen – macht Kinder für uns Erwachsene so wertvoll: Wir schauen in einen Spiegel, wenn wir auf unsere Kinder blicken. Die haben nämlich ein gutes Gespür dafür, ob Erwachsene sich selbst an das halten, was sie Kindern predigen – ist dies nicht der Fall, bleiben sie nämlich Muster ohne Wert.

Altpädagogisch oder neukonservativ?

Das Schlagwort von der Werteerziehung, die umzusetzen von vielen Eltern heute versäumt werde, kommt ursprünglich aus der hart konservativen, manche sagen aus der reaktionären Ecke am rechten politischen Rand. In den 70er Jahren trat ein konservatives Forum mit dem Appell »Mut zur Erziehung« auf den Plan, der eigentlich ein bildungspolitischer Kampfruf war. Den Anstoß zu einer neuen Diskussion über Moral-erziehung von Kindern gab vor drei Jahren die Frau des Bundeskanzlers, Doris Schröder-Köpf. Sie forderte mehr Werte, allen voran Strenge. Nach dem Amoklauf in Erfurt suchte auch die CDU-Vorsitzende Angela Merkel ihr Heil in der Werteerziehung: »Eine gesellschaftliche Diskussion über Werte und Erziehung« bräuchten wir. Jawohl, Kindern und Jugendlichen müssten wieder Werte vermittelt werden, se-kundierte die Einheitsfront aus Stammtischen, Talkshows, Kongressen und Podiumsdiskussionen. Wie viel Hilflosigkeit angesichts aktueller Besorgnis auslösender Ereignisse auf der einen Seite spricht aus solchen Forderungen, wie viel unaus-rottbarer Machbarkeitswahn macht sich auf der anderen Seite hier breit: Man muss nur schön gesellschaftlich diskutieren, und dann passieren solche bösen Dinge nicht mehr ... Wie denn? Wo denn? Und mit wem denn? Mit welchem Werte-Cocktail soll man Amokläufe verhindern? Werteerziehung steht im schlechten Ruf, das Lieblingsthema der Wasserpredi-ger und Weintrinker zu sein – zu Recht oder zu Unrecht, das mag dahingestellt bleiben. Aber jenseits offizieller und offi-ziöser Debatten, die immer nur die anderen über die Werte führen, stellt sich die Frage nach dem, was wir den Kindern an wert-vollen Haltungen vermitteln wollen, doch ganz per-sönlich. Etwas mehr Mut, Aufrichtigkeit und Überlegung könnte der Aufgabe, Kinder zu erziehen, nicht schaden. Und damit beginnt jeder für sich allein, sobald sich das Fenster im Röhrchen des Schwangerschaftstestes verfärbt. Allerdings startet jeder woanders, und die Ziellinie bleibt auch in Bewegung ...

Bevor wir jetzt umgehend die Forderung nach einem Eltern-Führerschein erheben oder sogar einen Ausbildungsgang wie die Diplom-Mutterschaft und akademische Abschlüsse wie den promovierten Papa anvisieren, machen wir uns klar, dass nicht die Rede ist von moralphilosophischen Begründungen der Vernunft und einer abstrakten Ethik des richtigen Lebens. So wie uns erst jetzt die Schizophrenie auffällt, über den nikotinsüchtigen Nachwuchs zu klagen, aber Raucherecken auf Schulhöfen einzurichten, beginnt der rauer gewordene Umgangston und die Kälte im Alltag uns erst allmählich weniger kalt zu lassen. Wollen wir das hinnehmen oder wollen wir das ändern? Diese Frage ist von geradezu beklemmender Alltagsnähe, fast schon Trivialität. Das Verhalten der nachwachsenden Generation gefällt uns nicht. Doch könnte es sein, dass unsere Appelle nicht die Kinder im Blick haben sollten, sondern vor allem die Erwachsenen? Von ihnen hat man doch eher den Eindruck, dass sie die Unerzogenen sind und ein bisschen mehr Strenge gegen sich selbst walten lassen müssten.

Benehmen wir selbst uns schlecht, und respektieren wir uns zu wenig, sind wir ein Volk der Grobiane und Rüpel – und was bedeutet das? Das alte Prinzip des guten Benehmens hat offenbar nichts von seiner Anziehungskraft verloren, sonst würden nicht so viele Menschen heute wieder danach verlangen. Traditionelle Tugenden wie Höflichkeit und Rücksichtnahme finden immer mehr Eltern wichtig, aber wie sollen sie Kindern etwas künstlich bemüht aufdrücken, was die Gesellschaft im Ganzen gar nicht mehr pflegt?

Ist die Gesellschaft schuld?

Es hat eine Weile gedauert, bis ich mich getraut habe, meine neunjährige Tochter dazu aufzufordern, sich bei den Mahlzeiten *anständig* hinzusetzen. Wenn man sie lässt, stützt sie den einen Fuß auf dem Stuhl ab, den anderen winkelt sie an und hockt sich drauf. Dann fasst sie die Gabel mit der Rechten, die Linke umfasst das angewinkelte Knie und bleibt ansonsten frei, zum Schieben der Speisen auf die Gabel oder gleich in den Mund. Oder zum Nasebohren, Faustschläge an die neben ihr sitzenden Geschwister verteilen, im Ohr bohren oder den Bauch kratzen – was gerade so anliegt. Das habe ich ziemlich lange hingenommen, denn das Kind aß schlecht, und mir war im Zweifel lieber, dass es überhaupt etwas isst.

Außerdem wollte ich nicht so klingen wie meine eigene Mutter: Sitz gerade, schmatz nicht so laut, iss anständig, schlürf nicht, mach den Mund zu beim Kauen … Die nervenden Tiraden meiner Kindheit wollte ich nun wirklich nicht bei meinen Kindern wiederholen. Spaß am Essen sollten sie haben und, wenn ich ehrlich bin, auch Freude an gemeinsamen Mahlzeiten mit mir. Dass dabei Ermahnungen nur stören und einem nicht mehr als die solide Abneigung der Kinder eintragen, hatte ich schließlich am eigenen Leib zur Genüge erfahren. Gefallen hat es mir trotzdem nicht, wie alle vier am Tisch herumlümmeln, jeder versucht, sich als Erster den Teller voll zu schaufeln, wie geschlürft, geschmatzt, gespachtelt wird – aber ich wollte auf keinen Fall die alten Zwänge meiner eigenen Kindheit wiederbeleben.

Wer will schon wie die eigenen Eltern werden?

Locker, genussvoll und entspannt – in dieser Verfassung sollten meine Tochter und ihre Geschwister die Familienmahl-
zeiten erleben. Meine Kinder sind selbstbewusst im Umgang
mit Erwachsenen. Niemals werden sie gezwungen, das schöne
Händchen zu geben, wenn irgendeine Scharteke, die als
Freundin der Mutter auftaucht, es verlangt, geschweige denn
die verhassten Gute-Nacht-Küsschen auf die stoppeligen
Wangen irgendwelcher alter Kerle zu platzieren, die als Onkel
firmieren und so angesprochen werden müssen – igitt. Dann
kam eine langjährige Freundin zu Besuch, sie begrüßte meine
Töchter sehr nett und freundlich. Die Große hob den Kopf
und betrachtete den Gast mit ausdruckslosem Gesicht, es fiel
kein Grußwort. Die Kleinere sah zwar nicht von den Barbie-
puppen auf, die sie gerade bearbeitete, ließ aber einen Ton
hören, der so ähnlich wie Hei! klang. Die ganze Szene war
mir unbeschreiblich peinlich.

Sie sind alle vier recht lebhaft und singen gerne im Treppenhaus, denn der Hall kommt zehnmal besser als in der
Wohnung. Wenn einer etwas zu sagen hat – und eigentlich hat
immer einer etwas zu sagen –, platzt er los, gleichgültig, ob
gerade ein anderes Kind spricht, ein Erwachsener mit mir
redet oder ich telefoniere oder schlafe oder lese. Dafür hätte
es früher als Kind bei uns zu Hause wahrscheinlich eins hinter
die Löffel gegeben. Kommt natürlich heute überhaupt nicht
in Frage! Vor Freude über den sprudelnden Sprachquell, mit
einem Staunen über den enormen Mitteilungsdrang und manche blitzgescheiten Beobachtungen habe ich auch das lange
Zeit hingenommen und nur kurz gezuckt, wenn mir wieder
einmal einer das Wort abschnitt und mein eigener Gedanke
spurlos verschwand.

Natürlich können Kinder nicht warten, wenn sie vor der
Haustür stehen, die ich gerade aufgeschlossen habe. Deswegen fallen sie ein wie die Hunnen, stolpern übereinander,

treten sich auf die Füße, rammen sich die Ellbogen in die Seiten. Warum man pünktlich um acht zur ersten Stunde in der Schule zu sein hat und was schlimm daran sein soll, eine Viertelstunde zu spät zu kommen, hat sich keinem meiner Kinder von selbst erschlossen. Viele, viele Worte waren nötig, um ihnen die Anfangsgründe des Zeitmanagements nahe zu bringen. Ein nicht enden wollender Strom aus Worten, die flehen, mahnen, bitten, ergießt sich also mit den besten Absichten täglich über meine Kinder – pädagogisch geläuterte Worthäufungen, die nur unvollkommen meine Hilflosigkeit bemänteln und mit denen die Kinder nach der bewährten Methode verfahren: hier rein, da raus.

Der Zeitgeist wechselt die Windrichtung

Mein innerfamiliärer Wertewandel vollzog sich schleichend. Als mir das erste Mal »Das gehört sich nicht« als Begründung dafür entfuhr, warum meine neunjährige Tochter etwas unterlassen sollte, ging es um den Popel, den sie frisch aus ihrer Nase geangelt hatte, um ihn dann einen Augenblick kritisch auf der Fingerspitze zu betrachten, bevor sie ihn in den Mund schob. Doch dann gibt es auch die Nuggets im sandigen Bachbett aller Tage, die kleinen Ereignisse, an die sich gut Gespräche knüpfen lassen. »Warum duzt die dich, die kennt dich doch gar nicht?«, fragte meine größere Tochter, als die Verkäuferin im Bioladen mich an der Kasse um Kleingeld anging – »ey, sag mal, hastes nicht passend?«, nuschelte diese mit leisem Vorwurf. Vielleicht weil sie mich aufgrund meiner fleckigen Jeans mit unspektakulärem T-Shirt obendrüber und einem Sesam-Dinkel-Sonnenblumenkern-Schrotbrot in der Hand als zur gleichen Szene gehörig identifiziert hatte? Aber wir kannten uns gar nicht, niemals vorher hatte ich diesen Bioladen besucht. Ich nutzte die Frage meiner Tochter jedenfalls, um sie auf dem Heimweg in ein Gespräch über die

Weiterungen des Siesagens und Dudenkens zu verwickeln. Sie selbst spricht in ihrer Grundschule die Lehrer zwar mit Frau und Herr an, alles Weitere jedoch wird im Du-Modus beredet.

Als ich selbst in die zehnte Klasse ging, war 1968 lange vorbei. Aber ein gewisses Nachbeben der Ereignisse war sogar noch in der hessischen Kleinstadt zu spüren, in deren Gymnasium ich meine Schulrunden drehte. Der neue Mathelehrer trug selbst gestrickte Pullover und Cordhosen statt Studienratsmontur wie seine Kollegen, ließ sich das Haar wachsen und teilte uns in der ersten Stunde mit, er sei übrigens der Rainer. Bisweilen legte er die Füße aufs Pult und sprach zu uns von den heißen Demos, an denen er als der Student, der er vor kurzem noch war, teilgenommen hatte. Dass, wer zweimal mit derselben pennt, schon zum »Istäblischment« gehört, haben ich und meine Klassenkameraden damals von ihm gelernt. Und meine Deutschlehrerin machte keinen Hehl aus ihrer Verachtung für das deutsche Spießertum; sie begrüßte uns mit Hi, Leute!, spottete über das Aufstehen zu Beginn der Stunde, an das ihre Kollegen uns gewöhnt hatten, erschien im Indienfummel zum Unterricht, erklärte Büstenhalter für reaktionäre Scheiße und ließ uns alle nach Lust und Laune gewähren. Hausaufgaben gab es nie; im Unterricht sprachen wir manchmal über die Lieder von Wolf Biermann.

Zu dieser Zeit etwa, um die Mitte der 70er Jahre herum, wurde auch der ehrwürdige alte Pfarrer, der Konfirmandenunterricht erteilte, von einem jüngeren Exemplar abgelöst, das sich mit Gitarre statt Gesangbuch anheischig machte, uns die Liebe Gottes als eine laute, lustige und irgendwie sinnlich zu verstehende, aber keinesfalls kontrollierende oder strafende Instanz, die Liebe mit Strenge gleichsetzt, nahe zu bringen, als welche sie uns noch sein Vorgänger vom alten Schlag unermüdlich ausgemalt hatte. Seine an die Gospeltradition angelehnten Gesangseinlagen gipfelten meist in kleinen Ekstasen in Richtung Liebe, die bisweilen enorm eindrucksvoll waren. Das alles habe ich damals kaum infrage gestellt – im Gegenteil. In den 70er Jahren kam man sich rasch näher, duzte sich bald selbstverständlich und landete nach ein paar Minuten Gespräch bei intimen Geständnissen. Diese wurden mit ebensolchen quittiert und stifteten so ein vages Gefühl von Verbundenheit. Der formlose, unkonventionelle Umgangsstil hat sich schnell eingebürgert und sein Vorgängermodell ins Abseits verbannt: Taktvolle Zurückhaltung konnte nur noch als Verklemmtheit gelten, gewisse ehrerbietende Formeln, Gesten und Floskeln erschienen auf einmal als feige, falsche Rücksicht auf Tabus und Hierarchien.

Blick zurück nach vorn

Von all dem mochte meine kleine Tochter bald nichts mehr hören. Und es war ja auch nichts Weltbewegendes, was mir da so durch den Kopf ging. Details nur, Erinnerungsbruchstücke an Zeiten, die irgendwie anders waren. Höchst subjektiv und vielleicht auch nicht geeignet, um als Indizien für die Behauptung zu taugen, dass die allwaltende Formlosigkeit von heute Ursprünge hat, die beinahe ein halbes Jahrhundert zurückreichen. Im Mai 1968 begannen junge Leute damit, sich über bestimmte Formalien im zwischenmenschlichen Umgang hinwegzusetzen, und lehnten Höflichkeit als bürgerliche Heuchelei ab. Visionen von Solidarität und Wahrhaftigkeit, von Liebe und Aufrichtigkeit, von Frieden, Freiheit und Entfaltung fanden breiten Anklang. Sie fegten Hierarchien hinweg oder jedenfalls Rituale, die Rangfolgen manifestierten und Hackordnungen zwischen Menschen zementierten. Der Wunsch, Offenheit, Wahrhaftigkeit und Echtheit der Gefühle in allen Beziehungen auszuleben, diskreditierte die Tugend des schönen Scheins, des zierlichen Lügens und Betrügens, und wertete auch die hergebrachten Anstandsregeln als soziale Zwänge ab. Ethik überholte Etikette: Entschied sich der moralisch bewusste Mensch nach 68 zu sagen, was er denkt, hat dabei aber übersehen, dass er auf diese Weise nur noch denken durfte, was er auch sagen konnte?

Wer immer ganz offen ist, ist auch nicht ganz dicht

In der banalen Verzahnung von Wahrheit und Täuschung, die unser ganzes soziales Leben bestimmt, wurde die unbedingte Ehrlichkeit gegenüber anderen als neue Tugend aufgewertet. Das hat nicht nur der Lust daran, einander Scheußlichkeiten zu sagen, Tür und Tor geöffnet, sondern einen wesentlichen Aspekt des Spiels um Sein und Schein verblassen lassen: Höfliche mögen freundliche Umgangsformen mitunter nur nachahmen, ohne sie tatsächlich so gemeint zu haben. Aber wer wird nicht ein aufgesetztes Lächeln einer von Herzen kommenden Übellaunigkeit vorziehen? Floskeln, Gesten und Formen eröffnen einem Gegenüber außerdem die Möglichkeit, ebenfalls freundlich zu werden oder jedenfalls so zu wirken – höfliche Umgangsformen sind Beschwichtigungsgesten, die einen reibungsarmen Ablauf sicherstellen sollen, wenn zwei Wesen aufeinander treffen. Sie lassen Menschen nach außen erscheinen, wie sie im Inneren sein sollten: umgänglich und friedfertig. Die Gesten der Höflichkeit geben etwas vor, das nicht unbedingt so sein muss, aber wohltuend wirkt: Bitte zu sagen bedeutet, Achtung zu erweisen, Danke sagen bedeutet, Erkenntlichkeit zu zeigen. Etwa so: Ich sage dir, wie liebenswert und interessant du bist. Zwar glaube ich kein Wort davon, aber vielleicht entdecke ich dadurch Seiten an dir, die gar nicht so übel, sondern wirklich interessant sind.

Rüde unterbrach das Kind meine Erinnerungen mit der energischen Forderung, ihm sofort ein Eis zu kaufen. Wie in Trance tat ich, wie mir aufgetragen. Die Kleine verputzte die Waffel mit den drei Kugeln Erdbeereis in schweigendem, schwelgendem Genuss. Und plötzlich war mir klar, was mir fehlte: das Dankeschön aus ihrem Mund. Denn gehört, geziemt, schickt, gebührt sich das nicht, wenn einem ein Eis spendiert wird? Selbst wenn die Beschenkte keine heiße Dankbarkeit empfindet, wäre es doch erfreulich, sie täte wenigstens so, als ob.

Wohlerzogen, manierlich, höflich und anständig zu sein: Mit diesen Vokabeln beschrieben zu werden, kam in meinen Jugendjahren für jeden süßen Jungen, der mit mir in die Disco wollte und diesbezüglich bei meinen Eltern um Erlaubnis nachsuchte, nicht nur einem sozialen Todesurteil in der Clique gleich, sondern erstickte auch bei mir jedes Interesse an diesem Schleimer schon im Ansatz. All dieses Anstandsgefasel, den Benimmterror und das hohle Höflichkeitsgetue wollten wir doch gerade hinter uns lassen. Meine Eltern hingegen waren begeistert.

»Hast du dich auch bedankt?« – die ungerührt strenge Nachfrage meiner Mutter gellt mir noch in den Ohren, wenn ich von Besuchen in anderen Familien zurückkehrte, scheußliche Spitzentaschentücher von alten Tanten als Geschenk überreicht bekam oder nach Weihnachten und Geburtstag unzählige Bedanke-mich-Briefe zu schreiben gezwungen wurde. Und jetzt, gute zwanzig Jahre später, wünsche ich mir auf einmal dringend, dass meine Kinder sich anständig benehmen, Manieren zeigen, die Form wahren – »wenigstens ein bisschen ...«, so höre ich mich beinahe täglich flehen.

Rotzfrech, kreativ und selbstbewusst:
Die neuen Kinder sind da

Kein Zweifel: Mit meinen Kindern und denen anderer Leute ist mittlerweile eine viel frechere und selbstbewusstere Generation herangewachsen, die vor Alter und Autorität, akademischen Titeln und kirchlichen Würden nicht dienert, Kopfnoten im Zeugnis nicht fürchtet und ihre lebendige Kreativität weitgehend frei von autoritären Maßregelungen entfalten kann. Fröhlich und von irgendwelchen Rücksichten auf die Bedürfnisse anderer unbeeindruckt, schlagen sie über die Stränge, die viele ihrer Eltern, die zwischen 1960 und 1980 geboren sind, noch im Zaume gehalten haben.

Wie altmodisch und hoffnungslos verzopft wirken doch eigentlich schon die Worte, die wir fürs gute Benehmen finden. Wer benimmt sich heute noch geziemend, schicklich oder gesittet? Können Eltern ihre Kinder, Lehrer ihre Schüler zu einem Verhalten auffordern, das sich mit einem dieser Worte beschreiben lässt? Kann man heute als gastgebende Mutter noch das Fehlen guter Kinderstube konstatieren, ohne sich absolut lächerlich zu machen, wenn sich der Kinderbesuch ohne viel Federlesen am Kühlschrank der Familie vergreift, bevor er grußlos in einem der Kinderzimmer verschwindet?

Die Sprache der Etikette ist unmodern, die Etikette selbst genauso. In Vergessenheit geraten ist, was Etikette, Manieren, die gute Form eigentlich bedeuten und wozu sie gut sein könnten – und mit ihnen ist uns die Instanz abhanden gekommen, die halbwegs glaubwürdig öffentlich dafür plädierte, dass die gute Form einzuhalten sei: Eltern vielleicht? Lehrer etwa? Oder gar Politiker?

Das alles ginge ja noch; mit der drohenden Verrohung der Sitten in meinem eigenen Haushalt komme ich halbwegs klar. Aber was mache ich mit dem Rest der Welt? Zum Beispiel das Lügen: Es hat lange gedauert, bis die Einsicht bei allen vier Kindern Wurzeln geschlagen hat, dass Lügen nicht in Ordnung ist. Dann fingen sie an, Zeitung zu lesen, Fernsehnachrichten zu gucken und genau zuzuhören, wenn Erwachsene sich etwas erzählten. Eine Freundin, die kichernd und mit unverhohlenem Stolz von ihren Ladendiebstählen berichtete, und vier Kinder, die mit offenem Mund zuhörten ... Ein Freund, der mir ungeniert seine Krankschreibung präsentierte – er war kerngesund, doch der gelbe Zettel vom Arzt bescherte ihm eine Woche Extraurlaub ... Ein Onkel, der in wohlgesetzten Worten seinen jüngsten Versicherungsbetrug schildert, der ihm immerhin ein Plus von 2000 Euro auf dem Konto eingebracht hat ... Der Mann auf der Straße, der achtlos seine Kippe wegwirft, beeindruckt den Fünfjährigen, den ich gerade dazu gezwungen habe, das ebenfalls achtlos weggeworfene Bonbonpapier wieder aufzuheben und im nächsten Mülleimer zu entsorgen. Nur bei Grün! Den Kindern ein Vorbild! So klebt's beinahe an jeder Berliner Ampel. Und doch rennt jeder bei Rot los, wenn er's nur eilig hat.

Tausend Kleinigkeiten – aber insgesamt illustrieren sie den traurigen Umstand, der im Fußballstadion längst zu den unangefochtenen Wahrheiten zählt und der auch im alltäglichen Erziehungsversagen den Eltern mildernde Umstände zubilligt: Man kann nicht besser spielen als die Mannschaft. Und die spielt in puncto pflegliche Umgangsformen, Selbstbeherrschung, wohltuende Distanz sogar ausgesprochen schlecht.

Und alle, alle erziehen mit

Dass die Sprache des Milieus immer stärker wirkt als die Sprache in der Familie – das merkt man mit der Zeit und der Gelegenheit. So plappern schon kleine Kinder ganz nebenbei und leichter die Sprachmarotten ihrer Erzieherin im Kinderladen nach, als sich des sorgfältig elaborierten Codes ihrer Eltern zu befleißigen. Aber auch die Verhaltensweisen, die bekannte und fremde, nahe stehende Menschen und beiläufige Passanten, Busfahrer, Kassiererinnen, Handwerker oder Verkäuferinnen an den Tag legen, haben einen Einfluss auf unsere Kinder. Sie wirken mit an dem langwierigen Prozess, in dem aus dem winzigen, unerbittlich brüllenden Ayatollah ein erwachsener Mensch wird. Einer, mit dem man als Kollegen, Freund, Geschäftsmann, Ehepartner oder Wildfremdem gut auskommen kann – ein Mensch, dem die Techniken und

Tonleitern der zwischenmenschlichen Achtung, der höflichen Distanzwahrung und der strategischen Konfliktvermeidung geläufig sind.

Wir haben uns angewöhnt, die Gesamtheit der Einflüsse, die aus einem süßen Baby einen erwachsenen Mann, eine erwachsene Frau machen, etwas sperrig als »Sozialisation« zu bezeichnen. Nimmt man diese Menschenmenge in Augenschein, die sich – freiwillig, ungefragt, aus Versehen oder auch in völliger Ignoranz ihrer Rolle – als Miterzieher unserer Kinder engagiert, landet man fast unweigerlich bei einer sehr übergeordneten Frage: In welcher Gesellschaft leben wir eigentlich, dass Kindern schlechtes Benehmen in einem ganz umfassenden Sinn so viel näher zu liegen scheint als gutes?

Kinder sind besonders empfänglich für Impulse, Strömungen und Reize aus ihrer Umgebung. Die Neigung und Fähigkeit, dem Druck des sozialen Klimas zu widerstehen, sind bei ihnen geringer als bei Erwachsenen. Ihre mentale und seelische Kraft, auszuwählen, welche Aspekte ihres Umfeldes sie annehmen, welche sie ablehnen, steckt noch mitten im Wachstum. Ihre Antennen sind feiner, ihre Anpassungsbereitschaft ist enorm, ihre Auffassungsgabe fix – doch fehlt ihnen die Fähigkeit zur kritischen Würdigung der Verhältnisse, und sie können nicht umhin, die Gegebenheiten als Vorbild zu betrachten. Kinder sind die besseren Informanten, wenn man sich einen Eindruck davon verschaffen will, was in einer bestimmten Umgebung üblich, normal und akzeptiert ist: Wer Kinder anschreit, bringt ihnen bei, dass Schreien eine annehmbare Umgangsform ist. Wer Kinder schlägt, macht sie glauben, Gewalt sei legitim. Der barsche, ungeduldige Ton, den entnervte oder auch nur gleichgültige Erwachsene in der Öffentlichkeit wie auch in den heimischen vier Wänden für Kinder reserviert haben, wirbt nicht für freundliches, respektvolles, höfliches Miteinander, sondern behauptet Normalität – für das Gegenteil.

Bohrversuche zu den Quellen der Ruppigkeit

»Wir leben in einer Zeit der strukturellen Rücksichtslosigkeit«, sagt Jürgen F. Detering, der Vorsitzende der Bundeskonferenz für Erziehungsberatung, in einem Artikel, den Annette Rehrl in der Zeitschrift ›Psychologie Heute‹ veröffentlicht hat. »Unter Erwachsenen gibt es immer mehr Konkurrenz und immer weniger Rücksichtnahme. Die Erwachsenen sollen den Kindern etwas beibringen, das sie selbst überhaupt nicht mehr vorleben. Den Kindern müssen Schutz und Verlässlichkeit geboten werden, die existieren heute aber in keinem gesellschaftlichen Bereich mehr.« Für Jürgen F. Detering kommt das weithin monierte schlechte Benehmen von Kindern und Jugendlichen alles andere als überraschend; weit davon entfernt, das vermisste prosoziale Verhalten der jüngsten Generation anzulasten, nimmt er die wahren Verantwortlichen in den Blick: »Der gesamte öffentliche Bereich ist von Rücksichtslosigkeit bestimmt. Politiker und Wirtschaftsbosse lügen, und jeder kann es sehen. Die Menschen, die in unserer Gesellschaft Verantwortung übernommen haben, werden ihr längst nicht mehr gerecht. Das sehen und spüren auch die Jugendlichen. Und auf Seiten der Eltern herrscht Verunsicherung.«

Eine nach außen hin sichtbare innere Haltlosigkeit, einen ganz allgemeinen Verfall zwischenmenschlicher Anteilnahme attestieren Erziehungswissenschaftler, Bildungsexperten und Soziologen einhellig den aktuellen Lebensbedingungen der meisten Menschen. Nicht wenige sind davon überzeugt, dass wir es jetzt mit den Spätfolgen des 68er-Aufbruchs zu tun haben. Annette Rehrl zitiert in ihrem Artikel Gerhard Schulze, den Autor des Buches ›Die Erlebnisgesellschaft‹: »Die 50er Jahre stellten eine Rückkehr in die Zwänge des 19. Jahrhunderts dar, davon haben sich die 68er befreit. Höflichkeit wurde abgelehnt, weil sie uns aufgezwungen worden war. Und jetzt beobachten wir wieder das Befremden einer Kultur an sich selbst. Jetzt distanzieren wir uns wieder selbst von unserem eigenen Verhalten, weil wir erkennen, dass im Zuge der 68er- und der nachfolgenden Generation das Kind gleichsam mit dem Bad ausgeschüttet worden war.« Doch für das Kunststück, das Bad auszuschütten und das Kind drinzulassen, wird noch geprobt.

Bringt das kapitalistische Wirtschaftssystem mit seinem Konkurrenzdenken zwangsläufig eine Gesellschaft hervor, die von Rücksichtslosigkeit als strukturellem Merkmal geprägt ist? Dann enthielte Elternschaft an sich schon einen Keim der Rebellion gegen herrschende Verhältnisse: In einer Umgebung, in der Flexibilität, Effektivität, ständige Verfügbarkeit, grenzenlose Mobilität und schnelle Bedürfnisbefriedigung höchste Wertschätzung genießen, sind Kinder Sand im Getriebe, weil sie Beständigkeit, Verlässlichkeit, Langsamkeit für ihre Entwicklung brauchen. Wer sein Kind zu Bedürfnisaufschub, Zurückhaltung im Benehmen, Respekt vor dem Alter oder Verantwortung für Schwächere erzieht, findet sich in Opposition zu so ziemlich jedem gesellschaftlichen Trend wieder. Ganz ähnlich verhält es sich mit der Langsamkeit, deren Bedeutung für viele Spielarten des guten Tons gar nicht hoch genug eingeschätzt werden kann – auch sie steht im krassen Gegensatz zu den beherrschenden Idealen der Gegenwart.

Oder entwickelte sich die gesellschaftliche Kultur wie gesetzmäßig vorhersehbar schon immer in dialektischen Schüben, von der starren Form zur beliebigen Formlosigkeit und wieder zurück? Der Hamburger Soziologe Rolf von Lüde verknüpft die aktuelle Verhaltensproblematik mit dem Kontext eines strukturellen Wandels der Gesellschaft. Er beobachtet seit ein paar Jahren die Renaissance von Manieren, Etikette bei Tisch und die Rückkehr zu traditionellen Grußformen oder gepflegter Kleidung als Zeugen dieses Wandels. »Perioden des Übergangs« böten dem Nachdenken eine besondere Chance: Ältere Standards würden teilweise fragwürdig, neue seien noch nicht vorhanden, sagt er. »Es öffnet sich der Blick für vieles, was der vorangehenden Generation an ihrem Verhalten als selbstverständlich erschien.«

Von der Außenseite betrachtet:
Grobianismus als deutsche Tradition

Der Direktor des Ostasieninstituts der Universität Duisburg, Florian Coulmas, kehrt nach fast zwanzig Jahren aus Tokio an den Niederrhein zurück. Mit dem Befremden des von außen Dazukommenden erkennt er mehr als wir, die tagaus, tagein in diesem rauer gewordenen Klima frösteln. Nicht nur der barsche Ton gegenüber Kindern in Deutschland fiel dem Zugereisten unangenehm auf. Auch ein gewisses grobianisches Element der deutschen Tradition sieht er im Verhalten von Busfahrern, Handwerkern, Verkäuferinnen wieder aufleben. Ein gestörtes Verhältnis zur Ordnung betrachtet er als Spätfolge des Nationalsozialismus: Nach Ordnung werde in Deutschland immer dann gerufen, wenn die Unordnung unerträglich werde. Dann wendeten Erwachsene die Regeln an, die vorher nie eingeübt worden seien – prompt erscheint als Strafe, was im Grunde Hilfe ist. Die Parallele zu Umgangsformen, die ja auch eine Art der Ordnung darstellen, ist unübersehbar: »Ordnung kriegt so für die Kinder den Charakter von Strafe, Willkür und Einschränkung ihrer Freiheit, statt das zu ermöglichen, was sie sollte: den reibungslosen Umgang miteinander.«

Die zornig brüllende Mutter, die auf einem Minimum an Freundlichkeit am Familientisch besteht, macht denselben Fehler wie verärgerte, ungeduldige Erwachsene, die Kindern im Zugabteil oder auf der Straße böse Blicke zuwerfen. Dasselbe gilt für den pampigen Nachbarn, der aus dem Fenster hinaus im Hof spielende Kinder anschreit, um auf seine Mittagsruhe zu pochen. Alle verlangen sie freundliches, rücksichtsvolles Verhalten von den Kindern, ohne selbst dieses Verhalten zu zeigen und damit dessen Vorteile durch ihr Tun vor Augen zu führen. Sie fordern das rein formale Recht auf eine Ordnung ein, die nur strafend daherkommt und jede respektvolle Form ordentlichen menschlichen Umgangs negiert. Was wirbt eindrücklicher um Freundlichkeit als freundliches Verhalten? Wie anders als mit rücksichtsvollem Verhalten lässt sich ein Mensch für Rücksicht begeistern? Stattdessen verlangen wir brüllend nach Ruhe, schimpfend nach mehr Freundlichkeit und geraten außer uns, wenn wir fordern, dass andere an sich halten sollen.

Das alles ist Teil der zunehmenden Normalität von subkutaner Pampigkeit, offener Aggression, Schimpfwörtern und selbstherrlichen Gesten, die ein Klima schaffen, in dem harmlose Fragen wie Angriffe aufgenommen und auch so quittiert werden. Rücksichtslosigkeit und Rechthaberei verbinden sich, so Florian Coulmas, zu einer Attitüde, die den einvernehmlichen Ausgleich von Interessengegensätzen ausschließt. Er blickt über die 1968 propagierte Auflehnung gegen die Zwangsjacke der guten Form hinaus: Die systematische Zerstörung von Manieren in Deutschland hat schon mit dem Nationalsozialismus begonnen, der das Vertrauen in tradierte Verhaltensformen nachhaltig erschüttert hat. So operierten seine Abgesandten mit einer nur geheuchelten Anständigkeit in Gestalt von Tugenden, »mit denen man auch ein KZ führen konnte«, wie Oskar Lafontaine einst spottete. Heute beschwören sie das Bild des wohlerzogenen, gebildeten und musikliebenden KZ-Aufsehers herauf, der sich vom mörderischen Tagwerk bei Schubert-Sonaten erholt, sich nicht nur Damen gegenüber stets formvollendet zu benehmen weiß, sondern auch in Sachen Etikette auf dem glatten gesellschaftlichen Parkett nie ins Schlittern kommt. Vor dem Hintergrund all dieser manierlichen Mörder, denen Sittlichkeit und Anstand nur als Maske über der barbarischen Fratze diente, erscheinen gute Formen als Unterdrückungsinstrument, um autoritäre, spießbürgerliche Strukturen zu stützen. Die Studentenrevolte trug die Kritik am faschistischen, autoritären Staat in die Familie hinein; zuerst fiel die Autorität des Vaters dem Sturm zum Opfer, dann die Autorität schlechthin. Eine neue Legitimation für Autorität, besonders auch im Hinblick darauf, den Kindern angemessene Formen gesellschaftlichen Umgangs beizubringen, wurde nicht geschaffen.

Die Zerschlagung der Form allein schien hinreichend, um Heuchelei, Lüge und Verstellung Einhalt zu gebieten. Verhaltensstandards, die das Zusammenleben von Menschen angenehmer machen sollen, sind dabei gleich mit weggespült worden. Sie wurden von tonangebenden Kleinbürgern im Westen gleichermaßen zum alten Eisen geworfen wie später von Parteigenossen im Osten. In der Preisgabe der guten Form um 68 herum habe immer noch ein Echo der Kakophonie der Jahre 33 bis 45 nachgeklungen, gebrochen durch die Protestgesänge der antiautoritären Etikettestürmer, findet Florian Coulmas. »Die vom Konflikt zwischen der Nachkriegsgeneration und ihren Eltern, Notstandsgesetzen, großer Koalition und Vietnamkrieg als Katalysatoren ausgehende kritische Bewegung, die letztlich zu einer antiintellektuellen Rebellion aus dem Buch verkam, fand ihre markanteste Stimme in der Ablehnung überkommener Formen.«

1968 war schon okay, aber ...

Allzu einfach mag es manchmal erscheinen, alles immer wieder auf die 68er zu schieben – ganz von der Hand zu weisen ist ihr Einfluss nicht. Aber genauso wenig lässt sich die moralische Berechtigung in Abrede stellen, mit der gegen eine Einstellung argumentiert, provoziert und angekämpft wurde, die das duckmäuserische, untertänige Einhalten von Vorschriften, Regeln und bestimmten Formen in Deutschland als das kleinere Problem betrachtete, verglichen mit der frechen, intelligenten und manchmal sogar witzigen Missachtung all dieser Vorschriften – dem inszenierten Tabubruch. Die totale Diskreditierung von Form und Förmlichkeit, die uns heute wieder so unangenehm aufstößt, ist aber auch verwandt mit der in verschiedenen Lebensbereichen bemerkbaren Missachtung von Gesetzen, Regeln und Gepflogenheiten – vom Volkssport Versicherungsbetrug über das Hauen und Stechen auf dem Asphalt bis hin zu dem weithin fehlenden Unrechtsbewusstsein, das die Lobbyisten der Filmverleihbranche in den Geständnissen der gefassten Raubkopierer so sehr in Erstaunen versetzt.

Die Abwertung überkommener Lebensgewohnheiten, die Verspottung bürgerlicher Formen und Inhalte als spießig und dekadent, die Auflösung von Verbindlichkeiten, Traditionen und gewachsenen Milieus und erst recht die ersatzlose Streichung von höflichen, aber vermeintlich verlogenen Umgangsformen blieben jedenfalls nicht ohne nachhaltige Wirkung auf die nachfolgenden Generationen. Die antiautoritären Erschütterungen der Gesellschaft seien auch heute noch fühlbar, weil es nur unvollkommen gelungen sei, korrumpierte Formen durch andere zu ersetzen, sagt Florian Coulmas. Mehr als je zuvor stehe das Innere hoch im Kurs, aufgewertet zu Lasten bloß äußerer Höflichkeit. Dabei liege die ältere deutsche Idee vom Gegensatz zwischen Höflichkeit und Ehrlichkeit, Wesen und Erscheinung der als grundsätzlich empfundenen Trennlinie von Tugend und Benimm, Ethik und Etikette, aber auch hartem Kern und weicher Schale zugrunde. Der populäre Glaube, dass sich hinter ungehobeltem Auftreten noch immer ein herzensguter Mensch verberge, unterstreicht einmal mehr die Doppelbödigkeit, mit der wir den Inhalt zu Lasten der Form aufwerten. Verstöße gegen die gute Form scheinen entschuldbar, wenn sie einer guten Sache dienen – wie die 68er-Libertinage glauben machen will.

Spätfolgen, unerwünschte Nebenwirkungen und ein Vakuum

Disziplinlosigkeit bedürfe heute keiner Entschuldigung mehr, nennt Florian Coulmas ein Beispiel. Formlosigkeit beherrsche das Bild allenthalben. So hätten die Eltern in seiner niederrheinischen Nachbarschaft die Segel gestrichen. Mindestens die Hälfte der Kinder, die zum Spielen kommen, sei völlig unerzogen, wenn auch fröhlich und nett und sicher sehr kreativ. Den Eltern fehle die Zeit, die Sicherheit oder der Wunsch, ihren Kindern Manieren beizubringen und anders als ad hoc auf unakzeptables Verhalten zu reagieren. Die Lehrer wünschten sich großenteils mehr Disziplin, seien aber allein gelassen mit der Aufgabe, sie durchzusetzen. »Das ist Teil einer fatalen Entwicklung, die auch weniger dramatisch erscheinende Aspekte hat«, sagt Florian Coulmas. »Aber der Zerfall von Formbewusstsein und Disziplin gehört dazu.«

Wer pünktlich ist, ist ein Faschist – das sagt man zwar heute nicht mehr so, aber der Wertewandel wirkt noch fort, ist spürbar und sogar zu belegen. Florian Coulmas zitiert eine mit Geldern der Europäischen Union finanzierte Untersuchung an der Universität Oxford, die vergleicht, wie Manager in Großbritannien, Frankreich, Deutschland, Polen, Bulgarien und Tschechien mit der Zeit umgehen. »Die Deutschen, einst für ihre Pünktlichkeit gerühmt und belächelt, waren die Lässigsten, hatten gegenüber Unpünktlichkeit die größte Toleranz. Ist es weit hergeholt, darin eine Folge von 1968 zu erblicken?« Pünktlichkeit, Korrektheit, gute Organisation, Disziplin, Folgsamkeit seien im Angesicht »des Schreckens der Züge, die unter Einhaltung aller Vorschriften in die Vernichtungslager fuhren, zu Rezepten für die Kaschierung moralischen Versagens geworden«. Die antiautoritäre Erziehung versuchte eine Antwort zu finden, eine Garantie dafür zu etablieren, dass die Gesellschaft nicht noch einmal auf einen so verhängnisvollen Abweg geraten würde: Die radikale

Ablehnung jedweder Form und Förmlichkeit erschien als wirksames Gegengift zur Verlogenheit der Menschen, die hinter der Maske von Wohlanständigkeit zu barbarischen Gräueltaten fähig waren.

Dass jene Standards der Höflichkeit oder Zivilität im Alltagsverhalten, die lange Zeit als Sekundärtugenden verschmäht wurden, offenbar auf breiter Front abhanden gekommen sind, hilft uns – jenseits ideologischer Scheuklappen – zu begreifen, dass es sich dabei im Grunde um Primärtugenden handelt. Denn es geht um elementare Fähigkeiten der Persönlichkeit, um den Respekt vor sich selber und vor anderen, der sich in bestimmten zivilen Verhaltensformen äußert.

Vergiss das mit der Liebe.
Versuch's mal mit guten Manieren!

Bürgerliche Leitkultur im besten Sinne ist im Begriff, sich überall da vorsichtig zu rehabilitieren, wo es zunehmend deplatziert anmutet, den anderen mit der eigenen Enthemmtheit zu überfallen. Sogar in Paarbeziehungen sieht der Bamberger Soziologe Gerhard Schulze diese Tendenz am Werk. Es gebe eine wachsende Neigung, auch dem Menschen, mit dem man zusammenlebe, wieder höflicher zu begegnen. Auch er sieht den Standpunkt der 68er verblassen, wonach jede Konvention mit Verlogenheit gleichzusetzen sei. Dabei unterstreicht er die Notwendigkeit, in unserem Verhalten wieder berechenbarer zu werden und dem anderen, genau wie uns selbst, Grenzen zu setzen. Höflichkeit will Gerhard Schulze als Ausdrucksform von Kultur verstanden wissen: ein höfliches Miteinander, die schöne Gestaltung zwischenmenschlicher Beziehungen.

Auch er stellt im Artikel von Annette Rehrl eine Gewinn- und Verlustrechnung in Bezug auf die Ereignisse um 1968 auf: »Wir haben zwar neue Freiräume gewonnen, aber es sind dadurch Lücken entstanden, die wir jetzt wieder füllen müssen. Wir haben die Ästhetik des Zwischenmenschlichen verloren.« Dass soziale und wirtschaftliche Probleme hinter der herrschenden Unflätigkeit stecken könnten, mag Schulze nicht gelten lassen. »Immer nur die Umstände anklagen, gilt nicht. Jeder, der in einer pädagogischen Situation steht, ob als Lehrer oder Elternteil, muss bei sich selbst anfangen und seine Verantwortung wahrnehmen. Die Höhe meines Kontostandes hat schließlich nichts mit einem anständigen Benehmen zu tun.«

Regeln schaffen wie Wände den Raum

Wo immer Regeln aufgehoben werden, tun sich Freiräume auf, zugleich ergeben sich aber auch Gefahren. Besonders da, wo Regelwerke ersatzlos gestrichen werden, entsteht eine breite Schneise der Beliebigkeit, die sich sehr wohl schädigend auswirken kann. Wenn die Laune, die Tagesform oder die Befindlichkeit, getarnt als ungeschminkte Authentizität des »Ich bin eben auch nur ein Mensch«, zur Rechtfertigung fürs Danebenbenehmen herhalten müssen und dieses pure Menschsein die Richtschnur zwischenmenschlichen Umgangs abgibt, fallen wir einander leicht zum Opfer. Denn der professionell verbindliche Standard, auf den sich alle Beteiligten berufen dürfen, fällt dann weg. Die Folge: Die Variationsbreite zwischen guten und schlechten Lehrern und Erziehern vergrößert sich – aber sie sind ja alle nur Menschen. Und dann braucht man ständig eine Portion Glück, um an einen guten Lehrer oder Erzieher zu geraten – oder auch nur an eine freundliche Verkäuferin, einen zuvorkommenden Handwerker, einen höflichen Busfahrer. Verbindliche Umgangsregeln, die gute Form, die von allen eingehalten wird, gewährleisten ein gewisses Maß an Professionalität in zwischenmenschlichen Beziehungen jeglicher Schattierung. Als Profi erscheint derjenige, der sich nicht erlaubt, seiner Laune einen bestimmenden Einfluss auf das Tagesgeschehen einzuräumen, sondern sich gewissen schonungsvollen, Distanz wahrenden und Konflikte vermeidenden Gepflogenheiten verpflichtet fühlt. Diese Haltung hilft nicht nur denjenigen, die sich beruflich oder in der Familie mit Kindern engagieren. Wir wünschen sie uns auch dringend von bestimmten Berufsgruppen: Auf einen schlecht gelaunten Piloten, einen mies gestimmten Zahnarzt oder einen übermüdeten Busfahrer würden wir uns ungern verlassen.

»Wir haben, nach dem Wegfall unbequemer und verzopfter Konventionen und Rituale, nicht recht gelernt, die Grenzen zu anderen selbst zu bestimmen und uns eigene Grenzen zu setzen«, sagt Claus Leggewie, Jahrgang 1950, im Interview mit Ruthard Stäblein. »Wir überschreiten sie leichtfertig und sind immer wieder verletzt, weil uns andere zu nahe getreten sind.« Seine kritische Bilanz: »1968 war okay. Aber es hat keine neuen Traditionen gebildet – und das rächt sich heute. Wir haben munter abgeräumt, viel experimentiert, aber zu wenig eigene Tradition und neue Regelwerke gebildet.«

Das Ergebnis ist nunmehr, nach Jahrzehnten der Lockerheit und Nachlässigkeit, zu besichtigen, allerdings nicht nur bei Schulkindern und Berufsanfängern. Schlechtes Benehmen, gipfelnd in Rücksichtslosigkeit und Verletzung von Formen, ist eine allgegenwärtige Erscheinung: im Straßenverkehr, in öffentlichen Gebäuden, bei der Übertretung von Verboten. Genauso wie im richtigen Leben führen in Fernsehtalkshows Politiker, Stars aus Sport und Show das vor, was den jüngeren Mitgliedern der Gesellschaft so gern angekreidet wird: Ellenbogen bei der Durchsetzung eigener Ziele, Verachtung anderer Meinungen, bewusste Vernachlässigung der Kleidung, eine vulgäre Sprache und die Überzeugung, man habe die Wahrheit gepachtet. Umgangsformen mag, wer will, auf Anstandsregeln und Tischmanieren beschränken. Aber muss eine Kommunikationsgesellschaft nicht erst wieder Regeln des

Gesprächs finden? »Keine Talkshow, aber auch kein durchschnittliches Seminar an einer deutschen Universität, wo der Begriff des Diskurses inflationär benutzt wird, übt solchen Umgang mit kommunikativen Regeln wirklich ein«, sagt Claus Leggewie. Am Beispiel unserer Gesprächs(un)kultur würden grassierende Grenzverletzungen sichtbar – nicht nur in Fernsehtalkshows. »Um sich ja nichts mehr gefallen und oktroyieren zu lassen, um sich nur ja nicht fremdbestimmen zu lassen, haben sich viele angewöhnt, sich ins Wort zu fallen […]. Auch Moderatoren entfachen oft Streit, anstatt ihrer Rolle gemäß darauf zu achten, dass Regeln der Fairness und des Respekts eingehalten werden.«

Mangelnder Respekt vor anderen senkt auch die Fähigkeit, die Perspektive zu wechseln und sich in die Lage eines anderen hineinzuversetzen. Es geht um nicht weniger als das Einmaleins der Toleranz. »Respektieren, dass es Differenzen gibt, die nicht sofort im Sinne einer universalistischen Moral aufzuheben sind« – so umreißt Claus Leggewie im Interview mit Ruthard Stäblein die Richtung, in die Umgangsformen sich entwickeln sollten. Besonders in einer multikulturellen Gesellschaft müsse man lernen, Distanzen zu wahren und Grenzen aufzubauen. »Man muss das Fremde wahrnehmen lernen, ohne es sich aggressiv oder selbstlos einzuverleiben«, sagt er. »Dazu braucht es Geduld, Zeit, Höflichkeit und Respekt.«

Die simple Negation von Regeln und Institutionen aber erbringe das, was Konservative als Orientierungsverlust beschrieben. Es bedürfe wohl einiger Grundkonventionen, die man nicht als Sekundärtugenden abtun sollte, »übrigens auch im öffentlichen Bereich, wo es ohne elementare Bürgertugenden nicht abgehen kann«. Das Thema Erziehung ist dabei ausdrücklich inbegriffen: »Die Rohlinge müssen geschliffen werden«, formuliert Claus Leggewie neukonservativ. Er wendet sich damit gegen die Überzeugung der 68er-Antipädagogen, die Erziehung per se zur Repression erklärt haben und annahmen, man müsse die vorhandenen Talente nur aus den jungen Wilden herauskitzeln. »Die Arbeit mit jungen Menschen erfordert aber, dass man selbst etwas von sich zeigt und also etwas zu geben hat«, sagt er und mahnt, »auch Orientierungen vorzugeben.« Erst wenn sich einer mit einer Forderung exponiere und sage, so oder so ist es richtig für euch und das Gemeinwesen, fordere er zum Widerspruch heraus. »Aber in vielen Familien, Schulen und Jugendgruppen herrscht eine große Furcht vor der Auseinandersetzung und Ratlosigkeit über den Weg, den kommende Generationen beschreiten sollten.«

Schlechte Vorbilder verderben gute Sitten

Von beflissenen Pädagogen war der Ausflug in die Wirklichkeit des Berliner Abgeordnetenhauses einst als Highlight der politischen Bildung geplant, inzwischen gehört die Exkursion zum Standardprogramm, das unzählige Schulklassen im neunten Jahr absolvieren. Die vierzehnjährigen Schüler haben bereits im Unterricht einiges darüber erfahren, was die Bundesrepublik Deutschland im Innersten zusammenhält. Sie haben mit Tortengrafiken hantiert und gelernt, die Namen politischer Instanzen richtig auszusprechen. Dann sollen sie über den Besuch in einem der Maschinenräume der Demokratie einen Einblick in die Praxis des politischen Alltags erhalten. Manchmal gelingt das ganz gut: Die Klasse 9 a der Berliner Heinrich-Ferdinand-Eckert-Oberschule aus Friedrichshain-Kreuzberg, die an einem Donnerstag um 13 Uhr im Frühjahr 2004 den preußischen Landtag in der Niederkirchnerstraße besuchte, zeigte sich so beeindruckt, dass sie gleich einen Brief an den Präsidenten des Abgeordnetenhauses, Walter Momper, geschrieben hat. »Die Respektlosigkeit der Abgeordneten gegenüber denjenigen, die ihr Anliegen am Mikrofon vortrugen, war für uns erschreckend«, schrieben die Schüler, die sich mit dem, was man gemeinhin unter mündlicher Mitarbeit und geordneten Diskussionen versteht, gut auskennen dürften. Schließlich wird das jeden Tag und Stunde um Stunde in deutschen Schulen von einem vierzehnjährigen Schüler verlangt.

Warum sollen wir uns eigentlich anständig benehmen, wenn noch nicht einmal die Damen und Herren Volksvertreter in ihren hohen Ämtern ein Minimum an Anstand und gegenseitigem Respekt an den Tag legen? – das ist die unausgesprochene Frage hinter der Empörung der Schüler dieser neunten Klasse. Nicht etwa aufmerksames Zuhören, gelegentliches Notieren oder eigene Beteiligung am Geschehen mit Diskussionsbeiträgen, die sich in Form und Inhalt der Darbietung an die geltenden Regeln für Rede und Gegenrede halten, konnten die Schüler beobachten. Ihnen bot sich ein ganz anderes Bild: »Viel wichtiger war es einigen Abgeordneten jedoch, Zeitungen oder SMS zu lesen oder sich zu unterhalten.« Der Eindruck, den die Abgeordneten auf die Schüler machten, war verheerend. Und wer hin und wieder Plenarsitzungen besucht, wird jetzt wohl nicken: Den meisten Besuchern öffentlicher Sitzungen von Politikern wird schlagartig klar, was Reichsgründer Fürst Bismarck damals mit seiner abfälligen Bemerkung über die »Quatschbude« gemeint haben dürfte. Man wundert sich, wie Abgeordnete sich während der Parlamentssitzungen aufführen und wie wenig Respekt sie einander erweisen. Da wird hemmungslos geplaudert, hin und her gelaufen oder der Schokoriegel ausgepackt. Jeder steht auf und geht, wann es ihm passt, und nicht etwa höflichkeitshalber erst dann, wenn der Redner am Pult am Ende seiner Ausführungen angelangt ist. Viele lesen Zeitung, manche daddeln auf dem Laptop herum, andere simsen ungeniert. Die Ignoranz des parlamentarischen Geschehens scheint völlig normal. Stört sich eigentlich irgendjemand an dieser offen zur Schau gestellten Ungezogenheit? Und was ist auf der anderen Seite so schlimm daran, nebenbei den akuten Teil der täglichen SMS-Korrespondenz abzuarbeiten oder ins Butterbrot zu beißen, wenn man berufshalber gezwungen ist, sich langweilige Erörterungen über den Neubau des Berliner Stadtschlosses, Preiserhöhungen bei Bus und Bahn oder Gesetzesauslegungen zum Bau von Radwegen oder zur Kennzeichnungspflicht von Straußenfleisch anzuhören?

»Wer aber die Bürgergesellschaft fordert, in der sich mehr Menschen für die gesellschaftlichen Probleme interessieren und engagieren, der sollte sich zunächst an die eigene Nase fassen«, betont Jens Anker, der den Schülerbesuch in der Tageszeitung ›Der Tagesspiegel‹ vom 15. Mai 2004 kommentiert, und weist auf die Vorbildrolle hin, die ein Volksvertreter übernimmt. »Statt zu fordern, müssen die Abgeordneten vorangehen«, findet er und zitiert den gerade aus dem Abgeordnetenhaus ausgeschiedenen Politiker der Grünen, Wolfgang Wieland: »Das Niveau der Politiker ist seit Jahren gleich bleibend schlecht, aber sie haben es sich selbst zuzuschreiben.« Ein CDU-Politiker hat es noch drastischer formuliert: »Es fehlen die Charakterköpfe, die meisten Abgeordneten sind auf dem ersten Arbeitsmarkt gar nicht zu vermitteln.« Die Schüler der Klasse 9 a haben im preußischen Landtag jedenfalls kein orientierendes, im Wortsinn maß-gebliches Vorbild für ein Verhalten gefunden, dem man folgen oder sich verweigern kann, das sich aber an seinem Anspruch messen lässt. Eine Gesprächs- und Diskussionskultur etwa, die von Selbstbeherrschung, gegenseitigem Respekt getragen wäre – Fehlanzeige. »Wenn wir uns so verhalten würden«, schreiben die Schüler in ihrem Brief an Walter Momper, »müssten wir mit schriftlichen Verwarnungen oder Tadeln rechnen.«

Wo's langgeht? Schwer zu sagen

In Sachen Orientierung haben die Jüngeren in Deutschland – jenseits von multiplem Elternversagen und grandiosem Lehrerscheitern – ein Standortproblem. Verhaltensregeln, die von den führenden Persönlichkeiten des Landes vorgelebt werden und schlimmstenfalls unterdrückerisch, verstaubt oder überholt, im günstigsten Fall sinnstiftend oder vorbildlich wirken könnten, gibt es nicht. Vom »Hofmann« leitete sich einst die »Höflichkeit« ab. Im Begriff »Zivilität« sind der Bürger, die Verfeinerung der Sitten und der Gemeinsinn aufgehoben. Das Wort »Anstand« stammt aus der Jägersprache und bezeichnete die beherrschte und ruhige Haltung und Bewegung des Körpers, bevor sich im 19. Jahrhundert die Bedeutung des Wortes auf das wünschenswerte, schickliche, gesellschaftliche Verhalten ausdehnte. Aber historische Modelle von Zivilisiertheit wollen auf heutige Verhältnisse nicht mehr passen, und das ist ja auch kein allzu großer Schaden.

Die Rede von den guten Umgangsformen meidet die Verlegenheit des antiquierten Eindrucks um den Preis inhaltlicher Prägnanz. Doch was da so wertneutral und deshalb konsensfähig daherkommt, wirkt umso stärker als Modell. Denn das Bedürfnis nach Maßstäben fürs Verhalten ist so lebendig wie eh und je, und es heftet sich als gesteigerte Aufmerksamkeit an exponierte Zeitgenossen wie der Schweif an den Kometen. Dabei wirken negative Vorbilder stärker als positive; sie geben eine Rechtfertigung fürs Bleibenlassen, dafür, eben nichts von dem zu tun, was sich eigentlich gehört, weil eben die anderen auch nichts von dem tun, was man im Grunde von ihnen erwarten könnte. Auf diese Weise verschieben schlechte Vorbilder sogar ganz ohne böse Absicht den Standard nach unten. Die Vermittlung von Werten durch die Bereitstellung der richtigen Vorbilder oder gar das Bemühen, bewusst ein prima Vorbild abzugeben, sind leider genauso untauglich wie der Versuch, irgendwelche Werte in den Stunden zwischen den Hofpausen zu unterrichten. Eher andersherum: In dem, was wir reden und tun und unterlassen, und wie wir es tun, sind wir sowieso immer schon Modell für die Kinder.

Orientierungshilfen
für Anfänger und Fortgeschrittene

Niemand hat sich jemals ganz und gar selbst erfunden. Persönlichkeiten entstehen durch Nachahmung und Abgrenzung von anderen. Vorbilder sind nichts anderes als an bestimmte

Personen gebundene Bilder, die einem Individuum dabei helfen, seinem Verhalten eine Gestalt zu geben. Das Bedürfnis nach orientierenden Vorbildfiguren reicht lange über die Kinderjahre hinaus. »Solange man das Bedürfnis nach wirklichen Autoritätsgestalten nicht als eine positive, dem Erwachsenen gemäße Haltung akzeptiert, bleiben die verschleierten Autoritätsgestalten unangefochten«, erläutert der amerikanische Soziologe Richard Sennett den prekären Zusammenhang zwischen Vorbildern und der Sehnsucht nach Vorbildern. »Das ist das Tabu, das es zu brechen gilt, damit die Manipulation aufhört.« Wir haben heute keine klassischen Vorbilder mehr – einen Lehrer, den man verehrt, einen Vater, den man bewundert –, weil die Milieus, in denen diese gedeihen, verschwunden sind und mit ihnen das System, in dem Werte, Haltungen und Lebensformen schlicht vererbt oder sehr bewusst vorgelebt werden. Stattdessen hat heute jeder Mensch ein Umfeld, das ihn prägt, oder einen Kontext, in dem er sich bewegt, bestehend aus Leuten, die man kurz kennen lernt und dann wieder vergisst, aus Leuten, die man beobachtet und deren Verhalten einem entweder gut gefällt oder unangenehm aufstößt. Er besteht – neben lebenden Menschen – auch aus Fernsehschnipseln, Filmfetzen und Resten zufälliger Begegnungen.

Jenseits des wie auch immer begründeten Anspruches auf Führung gibt es heute immer noch Einzelne oder Gruppen von Menschen, auf denen die Augen der anderen ruhen, wenn auch diese Aufmerksamkeit bisweilen nur über die Mattscheibe vermittelt wird. Ob Elite oder nur Exponat sei dahingestellt – bestimmte Gruppen oder Individuen wirken als orientierendes Vorbild, ob sie wollen oder nicht, und eben auch, wenn sie es nicht verdienen. Vorbild ist man nicht, sondern man wird dazu gemacht. Wer Erzieher oder Lehrer, Politiker oder Führungskraft ist, wird kaum verhindern können, dass andere ihn zum Vorbild nehmen – nach ihren eigenen Kriterien, allen voran wahrscheinlich der Glaubwürdigkeit. Kein Wunder, dass das Volk den Eliten nicht mehr über den Weg traut. Kann daran das Volk allein schuld sein?

Politiker, Wirtschaftskapitäne und Gewerkschaftsbosse hinterlassen heute wenig mehr als einen schlechten Eindruck. Sie sind vor allem mit sich selbst beschäftigt – und wer traut ihnen wirklich noch zu, dass sie die Probleme des Landes lösen und nicht nur an ihre Pensionen denken? Politiker versprechen viel und halten nichts, die Unternehmer bereichern sich hemmungslos, und die Gewerkschafter sind dumpfe Betonköpfe in Wagenburgformation, die bloß ihre eigenen Pfründe verteidigen. Manager machen mit atemberaubenden Einkünften von sich reden, aber von der Verantwortung für Tausende von Arbeitsplätzen ist ihnen nichts anzumerken. Wo bleiben die Impulse zur Modernisierung des Landes? Wo gibt es noch Vorbilder?

Die Medien heizen das Palaver noch an und scheuchen die Debatten von links nach rechts und wieder zurück. Wo können die Menschen Orientierung finden für die Zukunft ihrer Gesellschaft? Die Elite hat ein Glaubwürdigkeitsproblem, das den Trend hin zu immer größerem Unbehagen an den Zuständen immens verstärkt. Im Großen wie im Kleinen funktioniert das Lernen am Modell. Kinder sind am stärksten abhängig von der Vorgabe eines idealisierten Vaters oder einer idealisierten Mutter: »Ich mache es, nicht weil ich es für richtig halte, sondern weil er es vormacht.« Oder: »Ich mache es nicht, wenn der andere es nicht auch macht.« Die mühevolle Anstrengung, herauszufinden, was man selbst eigentlich für richtig hält, kommt erst mit den Jahren in Schwung – wenn überhaupt. All das Vergleichen, das Abwägen von Vorzügen und Nachteilen, das Rechtfertigen von Zielen, Wegen, Überzeugungen beschreibt einen langwierigen Prozess, in dessen Verlauf nicht nur Selbstverantwortung, sondern auch die Fähigkeiten entstehen, eine Auswahl zu treffen, zu eigenen Entscheidungen zu finden, sein Verhalten zu steuern.

Prüfstein Glaubwürdigkeit

Der Mechanismus, mit dem automatisch auf den anderen hingewiesen wird, der sich ebenso schlecht benimmt, bleibt der gleiche, auch wenn der Kreis der Bezugspersonen sich über die Familie hinaus erweitert. Bei Erziehern, Lehrern und später auch anderen Erwachsenen sind Kinder zuallererst dabei, das beobachtete Verhalten auf Glaubwürdigkeit zu durchleuchten und den Erwachsenen eine Art Bringschuld an Vorbildhaftigkeit anzutragen. »Und dabei macht er selbst das ja gar nicht!« entfaltet im Grundschulalter allerhöchste Überzeugungskraft als Argument, um irgendetwas nicht zu tun – und wirkt sogar bis weit ins Berufsleben hinein weiter. Selbst Mitarbeiter, die größten Wert auf ihre Eigenständigkeit legen, argumentieren gerne: »Sollen die Bosse/der Vorstand/die da oben das erst mal vorleben!« Gerade bei schlechten Vorbildern wirkt der Verweis auf die Nachbarabteilung, die ja die Vereinbarung ebenfalls verletzt. Etwa: »Wenn der sich nicht an die Spielregel hält, muss ich es auch nicht tun.«

So birgt die Forderung nach Vorbildhaftigkeit eigentlich nur den Wunsch, nicht selbst verantwortlich zu sein. Wieder einmal muss zuerst der andere sich ändern, bevor man selbst auch nur darüber nachdenkt, sein Verhalten zu korrigieren. Warum soll ich freundlich, höflich und zuvorkommend sein, wenn andere mich nur anraunzen? Warum soll ich meinen Dreck wegräumen, wenn andere ihren Müll achtlos in die Landschaft kippen? Warum soll ich jemanden ausreden lassen, der mir dauernd ins Wort fällt? Wer von guten Vorbildern abhängt, hängt auch von schlechten ab – das ist die Botschaft hinter dem trotzigen Verweis auf die Versäumnisse anderer Leute. Aus diesen wird allzu gern die Erlaubnis dazu abgeleitet, sich selbst auch nicht anstrengen zu müssen, um etwas besser zu machen. Das schlechte Vorbild liefert demnach eine argumentative Allzweckwaffe, um selbst in Ruhe gelassen zu werden und überhaupt nichts tun zu müssen – das ist der eigentlich schädigende Einfluss, der von schlechten Vorbildern ausgeht. Und kaum ein Chef, Lehrer, Politiker ist so gut, dass er nicht als abschreckendes Beispiel herhalten könnte.

Die Kreuzberger Neuntklässler, die sich über das Benehmen der Volksvertreter echauffieren, haben das Ungerechte an der Situation klar erkannt. Sie haben das Erlebte mit Verhaltensstandards verglichen, deren Einhaltung man ihnen abzuverlangen pflegt. Gutes Benehmen ist zwar mehr, als eine SMS nicht zu schreiben oder das Frühstücksbrot nicht hervorzuholen, während der Kollege Abgeordnete seine Sicht der Dinge auf die Reform des Kindertagesstättenkostenbeteiligungsgesetzes darlegt. Aber in der Empörung der Kreuzberger Schüler schwingt auch viel produktiver Ärger über die verweigerte Orientierung mit. Auf der Suche nach einem Modell sind sie auf ein wertloses Muster gestoßen: Man sieht doch sofort, wer im Glashaus sitzt und mit Steinen schmeißt. Und außerdem liest man jeden Tag in der Zeitung oder hört in den Nachrichten, wer den Hals nicht voll kriegt, wer für die gemeinsame Sache oder bloß auf eigene Rechnung unterwegs ist, wer über die Jugend ohne Tugend lamentiert und über den Dreck vor der eigenen Tür hinwegsieht, wer Respekt verlangt und Ruppigkeit vorlebt.

Das haben wir jetzt davon: eine Gesellschaft, in der jeder zusieht, wo er bleibt – und alles mitnimmt, was zu kriegen ist, sich dabei einen Teufel um die Belange des anderen schert. Ohne Vertrauen in »die da oben« fehlt aber auch der Anreiz, etwas zu verändern – ohne gute Vorbilder fehlt uns was. Und ohne Glaubwürdigkeit, Bescheidenheit und Pflichtgefühl für das Ganze ist keine Führungskraft eine wirkliche Führungskraft, weil ihr die Masse kein Vertrauen entgegenbringt. Eine Führungselite, die nicht nach den Tugenden lebt, die sie einfordert, schadet nur: Sie gibt nicht nur kein gutes Vorbild ab, sondern nimmt einen über jedes Vorbild hinausreichenden Einfluss, weil sie sozusagen die Sitten verdirbt. Das ist die Botschaft der Abgeordneten, die dem Wahlvolk das Sparen abverlangen und sich selbst höhere Diäten genehmigen, aber auch die Botschaft des ruppigen Rentners, der aus dem Küchenfenster heraus Rücksicht von den Kindern verlangt, die im Hof spielen.

Umgangsformen und Gesetze
gehören zusammen

Als Orientierung und Vorbild gehören die Umgangsformen in den Bereich der ungeschriebenen, häufig auch unausgesprochenen Gesetze – eine Art Straßenverkehrsordnung für das weite Feld zwischenmenschlichen Umgangs, die nach den Prinzipien des Modelllernens weitergegeben wird. Sie fordert ein bestimmtes Verhalten, setzt Zeichen, gibt Wege vor und auferlegt Wartezeiten, zieht Linien und Grenzen, die nicht ohne weiteres überschritten werden dürfen. Es hat heute zwar den Anschein, als ob die nicht rechtlich festgelegten Normen für unser Verhalten weniger zum Funktionieren unserer Gesellschaft beitragen als die im Gesetz festgelegten – aber das Gegenteil ist der Fall. Verträgliche Umgangsformen sind ein Bollwerk gegen die Übergriffe, die das Gesetz nicht erfasst. Wenn auch die Sanktionen bei Übertretungen dieser ungeschriebenen Gesetze vager, weniger greifbar und auch in stärkerem Maße Veränderungen unterworfen sind als manifeste Gesetzesverstöße, die zwingend für alle gelten, gehören Anstandsbücher und Gesetzesbücher in diesem Sinne doch zusammen.

Die Botschaften der Wasserprediger und Weintrinker geben vor, dass es in Ordnung ist, nichts zu tun, solange die anderen nichts tun. Auch deshalb wird es für junge Menschen immer schwieriger, sich zu orientieren. Das Wenige an Umgangsform übernehmen sie aus der Anschauung, und die ist beliebig. Vorbilder hinsichtlich der erwünschten Fähigkeiten und glaubwürdigen Haltungen sind allerdings viel zu selten anzutreffen und drängen sich nicht so auf wie die schlechten Beispiele, die eher Schule machen. Viele soziale Umgangsformen drücken sich sprachlos aus – in Gesten mehr als Worten, in Haltungen mehr als durch langatmige Erläuterungen. Sie wirken als stillschweigender Kontext, der erst in der Verletzung thematisiert wird. Schon allein die pure Anschauung lehrt die Kinder als die neu Dazugekommenen mehr als genug darüber, was in einer Gesellschaft als Standard gilt. Höflichkeit ist in jeder Geste gegenwärtig, die wir dem anderen bezeigen – aber auch ihr Gegenteil übermittelt sich eher sprachlos.

Vorbilder wirken nicht schnell, aber halten lange an

Gute Vorbilder kommen auf leisen Sohlen daher, und sie wirken anders als schlechte – nicht schnell, aber lange: Der erste Ort im Leben, an dem Menschen einander kennen, nahe stehen, zuhören und helfen, voneinander lernen und aufeinander achten, ist die Familie, in der sie aufwachsen. Ganz gleich, wie ihr Zuschnitt aussieht, ob in modischem Patchwork, gediegener Fasson traditioneller Machart oder als asymmetrische Light-Version: Ihre Familie ist der Ort, wo Kinder erstmals erfahren, dass eine Ordnung ihnen selbst dient und dass die gegenseitige Wachsamkeit ihnen hilft, dieser Ordnung zu genügen – oder auch nicht. »Das Sich-Melden, wenn man in der Versammlung zu Wort kommen will, das Einhalten der Redezeit, das Schlangestehen beim Essenfassen, das Einfordern der Regel: Du, wir hatten vereinbart … Bitte halte dich daran!« – das sind für Hartmut von Hentig Erwachsenentugenden, die in der Kinderstube wurzeln. »Das ist allemal wirksamer als die Erinnerung an allgemeine Gebote, als ein Konsens über aufgezählte, besondere Werte.« Effektiver als das bewusste, absichtsvolle und aus pädagogischen Gründen inszenierte Vorbild wird demnach eine Haltung sein, die es vermag, der Sehnsucht nach dem Besseren Futter zu geben. »Wenn du willst, dass die Menschen Schiffe bauen, zeige ihnen keine Baupläne, sondern lehre sie die Sehnsucht nach dem Meer« – war das nicht der kleine Prinz von Antoine de Saint-Exupéry?

Menschen brauchen Vorbilder, vor allem wenn sie jung sind und nach Orientierung suchen. Denn sie werden nicht von abstrakten Erkenntnissen ermutigt, sondern vom Stoff des Lebens selbst: von Männern und Frauen, die ihnen vorleben, was möglich und wünschenswert ist und was nicht. Vorbildliche Belehrung durch eindringliche Benennung? »Das bringt nichts«, sagt Hartmut von Hentig. Er setzt dagegen auf »Zusammenleben, Vorbild und bewusst gemachte Erfahrung«. Klingt gut. Doch was, wenn wir Erwachsenen darauf verzichten zu überprüfen, was für eine Art Leben wir zu führen im Begriffe sind? Wenn wir uns vor der Frage drücken, ob wir das, was wir von anderen fordern, auch uns selbst abverlangen, wie auf Schwächere Rücksicht zu nehmen, zuzuhören, Geduld zu üben, Zeit zu haben, Mut zu zeigen oder gemeinsam getroffene Abmachungen einzuhalten?

Kinder arbeiten mit dem, was sie vorfinden: Der überwiegende Teil von Jugendlichen zwischen 14 und 25 Jahren nannte in der Befragung eines Fernsehmagazins die eigenen Eltern als größtes Vorbild – und das bei einer in Deutschland statistisch gesehen sehr großen Zahl unerfreulicher Familienverhältnisse. Rund 34 000 Kinder laufen jährlich von zu Hause weg, Zigtausende erleben zu Hause Prügel, Vernachlässigung und Misshandlungen. Wie dringend und unbeirrbar Kinder Bezugspersonen und damit auch Vorbilder suchen, beschreiben die Psychologen John Bowlby und Donald Winnicott so: »Kinder sind im Grunde genommen Wärme suchende Säugetiere. Sie binden sich an alle Objekte, die Wärme und Behaglichkeit versprechen, auch wenn dieses Versprechen meist illusorischen Charakter hat, und selbst dann, wenn das Objekt sich feindselig und abweisend verhält.« Kinder gingen selbst dem schwächsten Lichtschein nach, auch wenn das Licht nichts beleuchte – und auch, wenn in ihrer Familie nach landläufiger Meinung nichts vorhanden sei, was wert sein könnte, nachgeahmt zu werden.

Was Kinder in ihrer Familie vorfinden, markiert ihre ganz persönliche Startlinie. Ihnen fehlt die Vergleichsmöglichkeit für wohltuende oder beschädigte Umgangsformen. Sie können nicht entscheiden, was an bestimmten Umgangsformen gut oder schlecht ist, wozu sie gedacht sind, wofür sie stehen, was ihr Fehlen für Folgen nach sich zieht, kurz: was sie uns wert sind – und wie anstrengend wir selbst es ja auch finden, uns gut zu benehmen.

Deshalb ist das gute Vorbild noch lange nicht überflüssig. Jeder weiß doch, dass das Verhalten weit mehr prägt als alles, was wir predigen. »Das allermeiste dessen, was wir vermitteln, geschieht über die Körpersprache«, betont die Kommunikationstrainerin Heidemarie Götting-Kühne. Lange bevor ein Kind Wörter und Sätze versteht und benutzt, hat es gelernt, in den Zügen, Gesten und Bewegungen seiner Eltern zu lesen – Stimmungslagen zu erforschen, Absichten zu erkunden und Beweggründe zu erahnen. Und lange bevor ein Kind eine so abstrakte Gedankenkonstruktion wie Respekt vor dem anderen verstehen kann, hat es gelernt, in einem bestimmten kommunizierten Ausdruck die Zeichen des Respekts zu erkennen.

Wer seine Kinder ewig nur anschnauzt, kann sie immer wieder dazu verdonnern, Gäste freundlich zu begrüßen, Bitte und Danke zu sagen oder sich für einen Rempler zu entschuldigen. Es wird nichts nutzen. Von wem sonst außer ihren Eltern sollen Kinder lernen, dass einem kein Zacken aus der Krone bricht, wenn man sich für einen Fehler entschuldigt?

Es mag vielleicht ein wenig lächerlich wirken, einen Siebenjährigen in der gebotenen Höflichkeit larmoyant zu bitten, seine schlammverschmierten Turnschuhe vom Sofa zu räumen: »Ich störe dich ungern beim Kartenspielen, aber es würde mich freuen, wenn du deine Schuhe in den Flur stellen könntest. Wenn es dir nichts ausmacht, würde ich dich bitten, das jetzt gleich zu tun« – das klingt merkwürdig übertrieben, aber ist es nicht der Ton, der die Musik macht? Und die Wahrscheinlichkeit, zur Antwort ein »Okay, mach ich« zu kriegen, ist viel größer, als wenn man losbrüllt: »Wie oft habe ich dir schon gesagt, dass du … Ich werde noch wahnsinnig mit dir! Bin ich etwa dein Dienstmädchen?«

Wer höflich mit seinen Kindern spricht, wird schon bald hören: »Würdest du mir bitte mal das Salz reichen«, oder: »Es tut mir Leid, das habe ich nicht mit Absicht gemacht«, oder sogar erleben, dass ein Kind auch mal anklopft, bevor es ins Schlafzimmer poltert. Es ist im Grunde so einfach: Wenn Eltern Bitte und Danke sagen, übernehmen das schon die Kleinsten, sobald sie sprechen können. Doch wenn es bei jeder Gelegenheit heißt: Aber dalli! Nun mach schon! Los, gib schon her!, prägt sich das genauso ein. Mehr noch: Wer sich angewöhnt, freundlich und zuvorkommend mit anderen Menschen zu sprechen, transportiert in schöner Beiläufigkeit die Basislektionen in Sachen Höflichkeit und bekömmlicher Umgangsformen. Sogar kleine Kinder ahnen schon früh den doppelten Boden aus dem Gebot der Höflichkeit, mit dem man fragt »Wie geht's?«, obwohl es einen nicht interessiert, und echter Besorgnis, wenn einem das Wohlergehen des anderen wirklich am Herzen liegt. Sie machen sich durchaus ihren eigenen Reim auf das seltsame Verhalten ihrer Mutter, die, vom Klingeln an der Haustür bei den Arbeiten am verstopften Abfluss gestört, einen unflätigen Fluch und böse Verwünschungen ausstößt, dann die Tür öffnet und eine andere Mutter, die nur mal auf einen Kaffee hereinschauen wollte, mit einem zuckersüßen »Ach, hallo, meine Liebe, wie schön dich zu sehen« begrüßt. Im günstigsten Fall fragen die Kinder nach. Dann haben wir eine Gelegenheit zu demonstrieren, dass wir uns um Freundlichkeit bemühen, auch wenn uns gar nicht danach ist. Ob wir ein kurzes Referat über die ehernen Grundsätze der Gastfreundschaft anschließen oder das misstrauische Kind mit einem flüchtigen »Das macht man eben so!« wieder zu seinen Puppen zurückschicken, wird auch von Tagesform und Dicke des Geduldsfadens abhängen.

Wichtiger als alles andere:
Im Gespräch bleiben

Es ist aber nicht gleichgültig, wie wir uns verhalten: Die Jahre zwischen drei und elf sind die Denkerjahre der Kinder, die Zeit, in der Eltern viele Gelegenheiten haben, ihre ganz persönliche Lebensphilosophie auf die Kinder übergehen zu lassen – ihre gesellschaftlichen, geistigen und emotionalen Wertvorstellungen an ihre Kinder weiterzugeben, die dann nach Gutdünken damit verfahren. So entwickeln sie nach und nach ein eigenes Weltbild. Eltern können viel dazu beitragen, indem sie ihren inneren Dialog, der ohnehin ständig mitläuft, bisweilen mit den Kindern teilen. Sätze von Erwachsenen, die schildern, wie sie selbst dahin gekommen sind, wo sie jetzt stehen, wirken wie Werkstattberichte – Einblicke in das Labor der eigenen Überzeugungen, Ergebnisse des Abwägens von Möglichkeiten, Dinge zu betrachten. Sätze wie »Ich habe immer gedacht ...« oder »Meine Eltern haben gesagt ...« oder »Ich habe damals in der Schule gehört ...« sind wunderbare Gesprächsanfänge, die sich zu Wegbeschreibungen entwickeln können, von denen, die schon etwas länger unterwegs sind, für die, die ihren Weg erst noch finden müssen.

Bereits Siebenjährige können sich mit beträchtlicher Umsicht an der Erörterung von Fragen beteiligen wie »Warum grüßt man im Treppenhaus?« oder »Warum ist man am Telefon oft so scheißfreundlich, obwohl man das klingelnde Teil am liebsten an die Wand gepfeffert hätte?«. Sich als Mutter oder Vater eine eigene Philosophie über das Leben, die Gesellschaft und den eigenen Platz darin zurechtzulegen, die freundlich, rücksichtsvoll und sozial verantwortungsbewusst ist, muss gar nicht so schwer sein. Doch sie beweist ihre Glaubwürdigkeit in der praktischen Umsetzung – in der Form, die man im Umgang mit Themen wählt. Ein Wert wie Toleranz etwa und die Fähigkeit, Dinge von verschiedenen Seiten zu betrachten, sind ein schönes Ziel, das in den Köpfen ihrer Kinder zu verankern vielen Eltern lohnenswert erscheint. Sie wissen vielleicht schon, dass es immer ganz verschiedene Antworten auf ein und dieselbe Frage gibt, aber ein Kind muss das erst erfahren – am besten im Gespräch: »Ja, guck mal. Manche Menschen haben ihre Arbeit verloren. Sie möchten gerne arbeiten, aber es gibt keine Jobs. Deswegen kriegen sie Geld vom Staat, damit sie nicht verhungern. Sicher, es wäre besser, wenn sie Arbeit fänden, aber wenn es keine gibt, dann können sie auch nichts dafür. Sicher, es gibt auch andere, die gar nicht arbeiten wollen und mit dem bisschen Geld, das sie kriegen, ganz zufrieden sind. Oder sie wollen lieber zu Hause bleiben und sich um ihre Kinder kümmern.«

Auch beim Gang durch die Straßen der Stadt, wenn der Blick auf die Fassade fällt, die gestern noch frisch gestrichen war, lässt sich unangestrengt der Zusammenhang zwischen Fehlverhalten und seinen Folgen erörtern. »Ich finde das auch blöd, wenn die Hauswände immer sofort beschmiert werden, sobald sie gerade frisch gestrichen wurden. Dann muss das sauber gemacht werden, und das kostet Geld, und deswegen müssen die Mieter dann wieder mehr Miete bezahlen. Aber manchmal sind auch schöne Bilder dahingesprüht, vielleicht brauchen die Sprüher nur ein paar andere Flächen für ihre Kunstwerke.«

Weil Kinder Lernwesen sind, die spontan und aus eigenem Antrieb am Beispiel ihrer Mitmenschen lernen, was in ihrer Gruppe zu wissen, zu glauben und zu können üblich und notwendig ist, warten sie nicht darauf, Erziehungsportionen verabreicht zu bekommen, sondern greifen selbst zu – so oder so. Kinder, die in der Schule auf türkische Kinder herabsehen, tun das nicht instinktiv, sondern haben von irgendwoher den Anstoß dazu erhalten. Vielleicht durch eine unbedachte Bemerkung, mit der man über Ausländer in teuren Autos lästerte ...

Überhaupt: das Auto –
Der Elchtest für die Benimm-Balance

Es gibt kaum einen besseren Ort, an dem Kinder ihre Eltern so ungestört beobachten können und das Senkblei ihrer unbarmherzigen Aufmerksamkeit tief in die Kluft zwischen Sagen und Tun herunterlassen, als den Ort, wo wir Erwachsenen uns im Blechpanzer vor den Mitmenschen geschützt fühlen und am Steuer völlig enthemmt unseren Aggressionen freien Lauf lassen. Und während wir uns durch den Feierabendverkehr schimpfen, dem Vordermann an der Ampel zurufen: »Schaff deine Rostbeule aus dem Weg, du Trottel! Grüner wird's nicht!«, sitzt hinten auf dem Rücksitz ein Publikum, das die Ohren spitzt, damit ihm nichts entgeht. Es wird das Gesehene zu deuten wissen: den ungebremsten Ausbruch ansonsten subkutan gehaltener Aggressionen und die Beobachtung, dass es in Ordnung ist, andere zu beschimpfen, solange sie einen nicht hören können, oder abzudrängen, bloß weil man selbst es eilig hat. Kinder, die ihren fluchenden Eltern zuhören, werden unmittelbar erkennen können, wie viel diese Erwachsenen selbst eigentlich von den Werten halten, die sie sonst so gerne predigen. Was für ein Vorbild geben Eltern hinter dem Steuer eigentlich ab? Wie genau das Ergebnis der kindlichen Beobachtung aussieht, kann man dann, so es der Zufall will, mit anhören, wenn auf dem Spielteppich zu Hause die Matchbox-Autos ausgepackt werden.

Nun muss man sich deshalb noch nicht in einen vorbildlichen Verkehrsteilnehmer verwandeln, der ebenso zähneknirschend wie routiniert immer den anderen Vorfahrt gewährt, nachts auf menschenleerer Landstraße vier Stunden vor der defekten roten Ampel ausharrt und auf trockener, freier Autobahn Strich 100 fährt. Aber man muss sich das überlegen: Welches Bild gewinnt mein Kind aus meinem Verhalten? Und: Gefällt mir das, oder sind Korrekturen unumgänglich?

Die Würde des Kindes ist antastbar

Wie oft treten wir die Würde eines anderen mit Füßen – sogar die der eigenen Kinder! All die banalen Grenzverletzungen, Respekt- und kleinen Rücksichtslosigkeiten, die Eltern sich jeden Tag erlauben: Einem Baby mag es noch egal sein, ob seine Mutter Farbe, Konsistenz und Geruch seines Windelinhaltes mit anderen Müttern ausführlich erörtert. Aber glauben wir wirklich, dass es Kindern nichts ausmacht, wenn ihr Bettnässen, ihre Hautausschläge, ihre beeindruckenden Trotzanfälle oder die fünfte verhauene Mathearbeit, sogar die charakterlichen Schwächen ihrer getrennt lebenden Väter und das Erscheinen des ersten Schamhaares zusammen mit pubertären Stimmungsschwankungen in ihrem Beisein, vor ihren Ohren mit zwei alten Freundinnen der Mutter, die diese in der Schlange vor der Supermarktkasse getroffen hat, in aller Ausführlichkeit erörtert werden? Dieselbe Mutter würde sich verbitten, dass das Ausmaß ihrer heraufdämmernden Wechseljahrsbeschwerden oder die menschlichen Untiefen ihrer rettungslos zerrütteten Beziehung von den fröhlichen kleinen Teenagern auf dem Rücksitz des Autos besprochen würden, an dessen Steuer sie sitzt, um die lieben Kinder zum Ballett, zum Reiten oder zum Aikido zu chauffieren. Und wahrscheinlich hat dieselbe Mutter einst viel Mühe darauf verwandt, dem Kind zu erklären, dass es nicht in Ordnung ist, im Beisein von Oma über deren Falten und Schrullen zu spotten. Was für eine Lektion in Sachen Takt, Respekt und Diskretion!

Das Vorbild der Eltern wirkt auch deshalb so unmittelbar, weil in den ersten Lebensjahren jedes Verhalten, das Mutter und Vater an den Tag legen, für die Kinder normal ist. Ob sie jeden Morgen für ihre sturzbetrunkene Mutter das Frühstück richten, ob sie täglich von ihrem Vater verdroschen werden, ob jedes Familienmitglied für sich allein im Vorbeigehen tiefgefrorene Cholesterinbrocken in die Mikrowelle knallt oder alle zusammen abends an einem schön gedeckten Tisch sitzen und mit Messer und Gabel essen: Kinder kennen nichts anderes als das, was sie in ihrer Familie erleben, und das ist für sie die Normalität – völlig unabhängig davon, ob diese gut oder schlecht für sie ist. Genau das ist für uns Eltern die Chance, weil wir die Wahl haben: Wir können ihnen das gute Benehmen als Standard nahe bringen. Oder wir können sie verwildern lassen.

Bleibt die verzweifelte Frage vieler Eltern, wann denn eigentlich das gute Vorbild zu wirken beginnt. Die Journalistin Christine Brasch gibt in ihrem Buch ›Der gute Ton für kleine Rüpel und entnervte Eltern‹ drei sehr aufrichtige Antworten:

1. Wahrscheinlich früh, wenn man genau hinguckt und nicht zu viel erwartet. Meistens zeigen sich die Erfolge vor allem in fremder Umgebung – unerwartet.

2. Vielleicht nie, weil aus Kindern irgendwann freie Erwachsene werden, die selbst entscheiden können und müssen, wie sie sich benehmen.

3. Sehr wahrscheinlich spätestens, wenn sie selbst Kinder haben. Und ich kenne etliche Großmütter und -väter, die mit Genuss und Amüsement beobachten, wie die Rüpel von einst jetzt versuchen, ihren Kindern das Essen mit Messer und Gabel beizubringen.

Guter Ton stößt auf taube Ohren?

Ist Höflichkeit lernbar und wenn ja, wie? Diese Frage wird nicht nur in der einschlägigen pädagogischen Literatur seit langer Zeit erörtert, sondern flackert auch in der aktuellen Diskussion um eine zeitgemäße Vermittlung von Takt und Ton immer wieder auf. »Aller Anstand ist schwer«, räumen so gut wie alle Verfechter des gutes Benehmens mit einem Seufzer ein, bevor sie dann entschlossen das »Ende der Unhöflichkeit« einläuten wollen – jedenfalls wenn es um Kinder geht, denen man offensichtlich von Anfang an ein gewisses Desinteresse an der höflichen Form unterstellt, das sich mit den Jahren zur achselzuckenden Gleichgültigkeit oder sogar zu rüpelhafter Verweigerung steigert.

Ein eigenartiger pädagogischer Pessimismus durchzieht die frühen Schriften zur Vermittlung von Sitte und Anstand an die jüngere Generation bis hin zu den kindertümelnden Benimm-Büchern unserer Zeiten, die auch gerne das Spaß-Argument strapazieren, um Kindern die gute Form nahe zu bringen. Spielerisch, versteht sich, muss alles, was früher mit Zwang zu tun hatte, heute daherkommen – eine pädagogische Mogelpackung. Sicher ist es ganz lustig, mit den Kindern am Mittagstisch Graf Cox von den Gaswerken zu spielen und mantschende, schmatzende kleine Mädchen zu ermuntern, jetzt mal wie eine feine Dame zu essen, oder mit einem gezierten »Aber bitte sehr, mein Herr, gerne« dem kleinen Jungen, der ansonsten die Tonleiter rauf und runter rülpsen kann, die Ketchupflasche zu reichen. Aber gleichen die Versicherungen, die schwierige Handhabung des Bestecks sei kinderleicht zu lernen und das weite Feld gedeihlicher Tischmanieren zu beackern ein unheimlich komisches Erlebnis, nicht dem Versprechen der Diätpäpste, wir könnten so viel Torte essen, wie wir wollen, und würden dabei noch abnehmen?

Liebe allein reicht nicht, um Kinder zu erziehen

Vor allem ungezwungen sollen Kinder von heute zum guten Benehmen finden, denn Dressur ist verpönt. Allenfalls in der modernen Verkehrserziehung finden sich noch Restbestände von Drill. Kein Wunder, da geht es ja auch um Leben und Tod. Das soziale Überleben hingegen steht bei uns weniger hoch im Kurs – da tun wir uns schwer, darauf zu bestehen, dass bestimmte Dinge stattzufinden haben und andere unterbleiben müssen. Aber ehrlich gesagt, wer von uns würde schon freiwillig seine Kinder tausendmal am Tag ermahnen, Bitte, Danke und Verzeihung zu sagen, wenn wir nicht ein vages Verlangen nach ein wenig Höflichkeit im alltäglichen Umgang miteinander verspüren würden? Aber Respekt lernt man – auch – durch diese Dressur. »Liebe allein genügt nicht, um Kinder zu erziehen, nicht einmal um sie liebenswert oder liebesfähig zu machen«, sagt der französische Moralphilosoph André Comte-Sponville und steckt den Rahmen der familiären Beziehung ab. Nur Höflichkeit genüge ebenso wenig, sagt er, »und deshalb braucht man alle beide«.

Viele andere Autoren scheinen zu glauben, dass man sich als erziehender Mensch zwar unentwegt bemühen müsse, die Verhaltensstandards und Umgangsformen der Höflichkeit dem Kind zu vermitteln, aber gleichzeitig darauf gefasst sein müsse, dass die Aussicht auf Erfolg dabei nur sehr gering sei. Guten Umgangsformen oder besser ihrem gefühlsmäßigen Anteil, den die ältere Generation noch gern mit der »Höflichkeit des Herzens« oder »feinem Taktgefühl« umschreibt, haftet derselbe Ruch an wie hoch qualifizierten Mittfünfzigern, die gerade ihren Job verloren haben und sich auf dem Arbeitslosenmarkt wiederfinden – durchaus geschätzt, aber schwer vermittelbar.

Rahmenrichtlinien für Herzensbildung

Ob man nun zur Höflichkeit erzogen werden müsse oder ob sie angeboren sei, wird in vielen einschlägigen Erörterungen, die sich mit dem wünschenswerten Benehmen von Zeitgenossen befassen, kontrovers verhandelt. »Höflichkeit ist nicht zu erlernen, da sie mit dem Verstande nichts zu tun hat. Eine erlernte Höflichkeit ist toter Formalismus, eine Schablone, eine Tünche«, befindet Anneliese Pergler in einem Aufsatz mit dem Titel ›Zu wenig oder zu viel Höflichkeit?‹, der 1958 erschien. »Höflichkeit«, sagt sie, »ist eine Sache des Herzens.« Besser als der verschämte Besuch von privaten Kursen, wo man im höheren Lebensalter eilends nachholt, was man als persönlichen Mangel oder Karrierehindernis empfindet, ist es, die berühmte Herzensbildung bereits mit der Muttermilch aufgesogen zu haben. Dumm nur, wenn es da nichts zu trinken gab – lautet so die schlechte Nachricht für all diejenigen, die statt der guten Kinderstube nur eine Spielecke zum Aufwachsen vorgefunden haben?

Wer nicht lernt, hat nichts zu lehren

Die Ansicht von der stark eingeschränkten Vermittelbarkeit höflicher Umgangsformen krankt vielleicht nur an einem falschen Begriff, den wir uns vom Lernen machen. Lernen ist viel mehr als das bloße Gegenstück zum Lehren des Erziehers. Aus der Erfahrung, dass stete Belehrungen meist auf taube Kinderohren stoßen und die Bereitschaft, einer Regel zu folgen, bestenfalls so lange besteht, wie Eltern mit Argusaugen daneben stehen (Gib das schöne Händchen! Sitz gerade! Wie heißt das Zauberwort?), stammt die traurige Erkenntnis, dass viel der darauf verwendeten Liebesmüh vergeblich ist. Daraus schließt man flugs, dass Höflichkeit eben nicht zu lehren ist. Das ganze Vorgehen gleicht der Erfahrung, die ein Bankräuber macht, wenn er mit seinem gut sortierten Werkzeugkasten einen Tresor zu öffnen versucht und aus seinem Scheitern folgert, dass dieser Panzerschrank eben nicht zu knacken sei. Dabei fehlt ihm nicht mehr als ein Nummerncode, ein Passwort, um ans Ziel seiner Wünsche zu kommen.

Es muss doch einen Grund geben, warum Höflichkeit tatsächlich so schwierig und unvollkommen zu lehren ist? »Was man lernen muss, um es zu tun, das lernt man, indem man es tut«, so befand Aristoteles bündig und verglich: »Ebenso werden wir gerecht dadurch, dass wir gerecht handeln, besonnen dadurch, dass wir besonnen handeln, und tapfer dadurch, dass wir tapfer handeln.« Die guten Sitten kommen also vor den guten Taten und führen wieder zu ihnen hin. Möglicherweise gehen wir nur mit dem falschen Werkzeug an die Arbeit, wenn wir uns die Erziehung zur Höflichkeit als Einbahnstraße vorstellen. Kant dachte weiter als Aristoteles. Er erklärte die ersten Trugbilder der Tugend durch die Disziplin, das heißt durch einen äußeren Zwang: Das, was der Mensch mangels Instinkt nicht alleine vermag, »müssen andere für ihn tun«, und auf diese Weise »erzieht eine Generation die andere«. »Was allerdings soll diese Disziplin in der Familie anderes sein als zuallererst die Achtung der Gebräuche und des guten Tons?«, fragt André Comte-Sponville. »Eine bestimmte angenehme Geselligkeit« nennt er als Ziel dieser familiären Disziplin der Höflichkeit. »Durch sie, die die Umgangsformen der Tugend nachahmt, haben wir vielleicht die Möglichkeit, tugendhaft zu werden.«

Es könnte aber auch sein, dass andere Faktoren stärker wirken als eisernes Bemühen und unsere besten Absichten, dem Nachwuchs eine Lebensart zu übermitteln, die in Bezug auf die alltäglichen Verrichtungen vorgibt, was man zu tun hat, was akzeptabel ist und was man besser unterlässt.

Sichtblenden vor der Wirklichkeit

Genau genommen sind es zwei Irrtümer, die der erzieherischen Zuversicht im Wege stehen. Erstens: Nicht nur die Eltern erziehen Kinder, sondern jede Menge anderer Menschen erziehen mit, und zweitens: Kinder lernen nicht nur das, was sie sollen, sondern durchaus aus eigenem Antrieb und Interesse. Die gängige Meinung von der Unbelehrbarkeit der Jungen in puncto Höflichkeit ignoriert beide wichtigen Einflussgrößen. Natürlich sind die Eltern zuerst dran. Wer denn sonst? Dass sie ihre Werte erläutern, begründen und vorleben, ist so wichtig wie richtig. Aber der Erfahrungsraum der Kinder erweitert sich rasant um Nachbarn, Spielkameraden, andere Leute und die Kinder anderer Leute, Fernsehen, Bekanntschaften und Begegnungen, kurz gesagt: um die unabsehbare Zahl vieler, vieler Miterzieher.

Schlechte Vorbilder verderben gute Sitten: Die Binsenweisheit fasst den soziologisch einwandfrei belegten Sachverhalt zusammen, wonach es die Sozialisationseinflüsse der frühen Kindheit sind, die geeignet sind, jedes bewusste, absichtliche und planvolle pädagogische Vorgehen zu unterwandern. Das Indirekte in der Erziehung wirkt – und wird weitgehend unterschätzt.

Der bewusst erziehende Einfluss kann das nur aufgreifen, ergänzen und vielleicht korrigieren, was Kinder aus eigener Erfahrung mit ihrer Umgebung gelernt haben. Deshalb ist es so wichtig, dass der Raum, in dem sie ihre Erfahrungen machen, stetige, einander ergänzende und dauerhafte Anforderungen bereithält. Auf widersprüchliche Informationen machen Kinder sich einen eigenen Reim. So kann man gut und gerne den Gebrauch der unflätigsten Schimpfwörter unter

Geschwistern verbieten. Das verpufft wirkungslos, wenn man sich beim Streit mit dem anderen Elternteil selbst in ein keifendes Ungeheuer verwandelt. Der Nachwuchs in Hörweite wird diese Diskrepanz unweigerlich bemerken.

Bloß keine Höflichkeitserziehung!

Die schlichte Tatsache, dass die Erwachsenen selbst nicht in der geforderten Ordnung leben, stürzt auch die Pädagogik in ein Dilemma: Wie soll sie etwas lehren, das in allen Generationen, Schichten und Lebenszusammenhängen vernachlässigt wird? Erwachsene leben doch gar nicht so, dass Kinder unmittelbar, direkt und auf dem kürzesten Weg von ihnen lernen könnten! Sie sind bequem, undiszipliniert, manchmal auch müde, frustriert und überfordert. Seine persönlichen Freiheiten will sich keiner durch pädagogische Rücksichten einschränken lassen – und rennt bei Rot über die Straße oder knallt dem Nachfolgenden die Tür vor den Kopf. Ach, wenn es doch nur so einfach wäre: Erziehungsproblem erkannt – an Kind appelliert – Kind ändert sich. In Wirklichkeit führt kein Weg daran vorbei, sich selbst darüber klar zu werden, was man eigentlich von dem Thema hält: Welches höfliche Verhalten ist mir wichtig? Worauf kann ich gut verzichten? Was will ich sofort, was später anders haben?

»Höflichkeitserziehung beruht gerade auf einem bewussten Abstandnehmen von zu direkter und häufiger Einflussnahme und muss darauf vertrauen, dass sich die wichtigsten Lernprozesse im alltäglichen gelebten Umgang ungeplant abspielen« – so gewichtet der Erziehungswissenschaftler Karlheinz Valtl in seiner Dissertation zum Thema »Erziehung zur Höflichkeit« die verschiedenen Einflusssphären. Er weist auf einen weiteren, ebenfalls weithin falsch eingeschätzten Faktor hin: Die Vorstellung, dass Kinder einer reinen, unverdorbenen, weichen und formbaren Knetmasse gleichen, die wir

Erwachsene sorgsam ausgeklügelt haben und mit beträchtlichem pädagogischen Geschick zu möglichst hervorragenden Charakterwesen formen (müssen!), mag den pädagogischen Eros, mit dem wir uns der Aufgabe widmen, durchaus beflügeln. Falsch ist es trotzdem, weil eine gute Erziehung mehr als die Frage des richtigen Inputs bedeutet, den man liefern muss, um ein entsprechendes Ergebnis zu erzielen. Kinder hantieren durchaus selbständig und aus eigenem Impuls heraus mit den speziellen Herausforderungen ihrer sozialen Lebenswelt und gelangen zu eigenen Schlussfolgerungen, mit denen sie ihr ganz persönliches Bild von der Welt und sich selbst darin entwerfen. Statt der düsteren Botschaft: »Höflichkeit kann man nicht lernen«, heißt das aber: »Nicht alles an der Höflichkeit muss gelernt werden«.

Die Natur hilft, wenn man sie lässt

Es bestehe kein Grund zum pädagogischen Pessimismus, betont Karlheinz Valtl. Denn bestimmte entwicklungspsychologische Konstanten würden den erzieherischen Einfluss nicht schmälern, sondern entlasteten zunächst den Erzieher von der illusorischen Aufgabe, dem Kind alles von Grund auf selbst beibringen zu müssen. Sicher bestehe ein übergreifendes Ziel darin, die jeweils in der Gesellschaft geltenden und allgemein akzeptierten Höflichkeitsformen im weiten Feld zwischen den Marksteinen Zuwendung und Distanzwahrung so zu vermitteln, dass sie dem Kind in Fleisch und Blut übergingen. Doch dabei sei nicht die Ausbildung besonders seltener Zeremoniekünste gemeint oder der schulmeisterliche Versuch, veraltete Höflichkeitsformen zu retten oder bereits vergessene wieder zu restaurieren. Differenziertes Regelwissen und ein umfangreiches Repertoire isolierter Verhaltensweisen ans Kind zu bringen – das könne nicht die erste Aufgabe von Erziehern sein, stellt Karlheinz Valtl klar. Dieses Vorgehen

hätte im Übrigen auch nur Sinn, wenn die Höflichkeit lediglich aus beliebigen Konventionen und Symbolen bestünde,
die nur wie die Vokabeln einer Fremdsprache gepaukt werden
müssten. Doch Höflichkeit ist alles andere als Selbstzweck;
sie ist mehr als eine von außen auferlegte Verpflichtung, her-
vorgehend aus starrer Konvention und einengender Erwartung der anderen. Gutes Benehmen steht auf zwei Säulen –
der inneren Haltung und der äußeren Einhaltung in der Gesellschaft üblicherweise geltender Regeln.

Wer sie beherrscht, kann mit dem Spiel beginnen – und die
Regeln für sich arbeiten lassen. Weil sie dem Einzelnen durchaus zunutze ist, kann und darf Höflichkeit auch immer einge-
setzt werden, um persönliche Ziele zu erreichen. Die Strategien der guten Form stünden immer in Bezug zu dem kommunikativen Zweck, das Gesicht zu wahren, beschreibt der
Erziehungswissenschaftler Karlheinz Valtl in seiner Dissertation ›Mut zur Erziehung‹ den tieferen Grund für alle Höflichkeit. Er zitiert aus Goethes ›Wahlverwandtschaften‹: »Es gibt
kein äußeres Zeichen der Höflichkeit, das nicht einen tieferen
sittlichen Grund hätte. Die rechte Erziehung wäre, welche
dieses Zeichen und den Grund zugleich überlieferte.«

Am schönsten wäre natürlich, wenn Kinder immer aus
tiefster Herzensüberzeugung höflich, zuvorkommend und
rücksichtsvoll wären. Wenn Babys von sich aus nach der
Serviette verlangen würden, um sich den Brei von der Wange
zu tupfen, Kleinkinder sich aus ehrlichem Bedauern über das,
was sie angerichtet haben, entschuldigen würden. Ganz ohne
Aufforderung würden Schulkinder der alten Dame im Bus
ihren Platz anbieten, weil sie längst eingesehen haben, dass
diese ihn nötiger braucht als ein kerngesunder Drittklässler
mit Stehvermögen. Vielleicht entwickelt sich diese von Herzen kommende Höflichkeit eines Tages – dank vieler Gespräche, durch Vorbilder und gute Erfahrungen. Bis es so weit ist,
hilft die zweite Säule der Höflichkeit, mit weniger Ärger,
Streit und Zusammenstößen über die Runden zu kommen.

Die tragfähige Allianz aus äußerlich sichtbarem Zeichen und innerlich stützendem Grund beschreibt eine Dynamik, in der jede Erziehungsanstrengung in Richtung höflichen Verhaltens ihren Weg findet: Einzelne Verhaltensmuster verkörpern jeweils exemplarisch die Prinzipien, die Höflichkeit im weiteren Sinn ausmachen. Ihr Erwerb dient nicht nur der Entwicklung von Techniken des Sozialverhaltens, sondern hilft auch beim Aufbau übergeordneter Werthaltungen und Verhaltensstrukturen. Wer sich also bedankt, gibt nicht nur Erkenntlichkeit vor. Er gibt vielmehr gleichzeitig zu erkennen, dass er das Prinzip von Gegenseitigkeit und Ausgewogenheit zur Richtschnur seines Verhaltens gewählt hat. Dasselbe gilt für den, der grüßt oder wiedergrüßt. Wie genau man auf einen Gruß antwortet, darf wiederum variieren, und das tut es ja auch quer durch Zeiten, Moden und Marotten: Hacken werden zusammengeschlagen und die Handkante schnellt an die Schläfe, Rücken runden sich tief oder nur angedeutet nach unten, Hände wedeln oder werden zeremoniell anderen Händen gereicht. Neben dem korrekten Gegengruß tummelt sich im Alltag eine Fülle von Varianten, die demselben Zweck dienen ohne der starren Vorgabe zu folgen: Ein beiläufiger Gruß, ein Dank ausdrückendes Zwinkern, Blinkern oder Nicken sind eindeutige Zeichen von Erkenntlichkeit und Gegenseitigkeit, die beim Gegenüber unmissverständlich ankommen. Sie sind fest verankert in den jeweiligen Situationen. Ein schlichtes Hi! zur Begrüßung erscheint Großmüttern häufig so unpassend, wie auch der altertümliche Diener unter 14-jährigen Skatern es wäre.

Werte, Normen und wie man für sie wirbt

Die Ziele und Aufgaben einer Erziehung zur Höflichkeit beschreibt Karlheinz Valtl auf drei Ebenen. Der Aufbau zentraler Werthaltungen und kognitiver Konzepte geht einher mit der Vermittlung elementarer Fähigkeiten des Rollenhandelns. Der dritte Aspekt gilt der Werbung: Die Bereitschaft zu höflichem Verhalten lässt sich wecken, pflegen und erhalten. Verhaltensweisen und Werthaltungen wie Aufmerksamkeit, Einbeziehung, Bekräftigung der gemeinsamen Basis, Unterlassung von zu starken Beeinträchtigungen, Abschwächung des pragmatischen Drucks, Entschuldigung und Ehrerbietung sind Versatzstücke von Höflichkeit, die auch als Normen formuliert werden. Sie gelten nicht absolut, sondern bedingt, abhängig von der jeweiligen Situation. Manchmal konkurrieren zwei Prinzipien wie beispielsweise das prominente Gegensatzpaar Ehrlichkeit und Höflichkeit. Doch mit den Werthaltungen der Höflichkeit sind auch kognitive Konzepte wie Distanz, Achtung oder Gegenseitigkeit verbunden. Diese geistigen Vorstellungsgebäude werden im Laufe der Entwicklung von Kindern errichtet; Erziehung kann nicht mehr als diesen Prozess unterstützen.

Wertvolle Einsichten entstehen im Laufe des Lernprozesses: Höflichkeit wird nicht etwa erst durch die Befolgung bestimmter Umgangsformen in die Kommunikation eingebracht, sondern beschreibt eine ständig präsente Dimension des Sozialverhaltens. Selbst wenn es möglich wäre, höflichkeitsfrei zu kommunizieren, bliebe die Problematik der Achtung, Distanzwahrung und Konfliktvermeidung im zwischenmenschlichen Getümmel bestehen. Die Formen und Normen der Höflichkeit stellen nur episodische Lösungen von Problemen dar, die im zwischenmenschlichen Miteinander unvermeidlich auftreten. »Achtung und Missachtung, Einbeziehung und Ausschließung, Verbundenheit und Feindseligkeit sind Grundthemen des menschlichen Zusammenlebens, die sich zwar in den Formen der Höflichkeit ausdrücken, nicht aber durch sie geschaffen werden«, hält Karlheinz Valtl dem grundsätzlichen Missverständnis entgegen, dem auch die rebellischen Etikettestürmer von 1968 teilweise erlegen sind. Dabei waren zumindest die gemäßigten Gegner der formellen Höflichkeit nicht grundsätzlich gegen Hilfsbereitschaft, Freundlichkeit oder Rücksicht. Was sie abgeschafft sehen wollten, waren Rituale wie Knicks und Diener, Tischsitten, für die nicht sofort ein Grund einleuchtet, unbedingter Respekt gegenüber Älteren.

Aus dem Prinzip der Gegenseitigkeit und der prinzipiellen Gleichwertigkeit der Kommunikationspartner sind die Fundamente der Höflichkeit gegossen. »Interessiere dich für andere, wenn du willst, dass andere sich für dich interessieren sollen«, gibt Adolph Freiherr von Knigge seit rund zweihundert Jahren etlichen Generationen mit auf den Weg – Gegenseitigkeit in schlichter Schönheit, moderner ausgedrückt: Resonanz. Oder einfach so: Wie man in den Wald hineinruft, schallt es zurück.

Einfühlungsvermögen: Wirft Zinsen ab und bringt satte Rendite

Perspektivität als Erziehungsziel im Zusammenhang mit Höflichkeit bedeutet vor allem, die persönliche Lage und die Eigenart des Gegenübers berücksichtigen zu können und die eigenen Handlungen nicht nur aus der eigenen, sondern auch aus der Perspektive des anderen betrachten zu können. Dazu zählt die Fähigkeit, mögliche Reaktionen vorwegzunehmen und in die eigenen Handlungsabsichten einzubeziehen. Eltern, die ihrem Jüngsten, der soeben wieder einmal die Schippe auf den Schädel des Spielkameraden hat krachen lassen, mit behutsamem Nachdruck erklären, warum er das lassen soll, sagen gerne: »Du würdest es doch auch nicht mögen, wenn dich jemand haut.« Mit diesen und ähnlichen Sätzen schuften sie in Wahrheit in der Kohlengrube der Zivilisation. »Was du nicht willst, das man dir tu, das füg auch keinem andern zu« – im Volksmund ist der kategorische Imperativ aus der Feder von Immanuel Kant zur Goldenen Regel gereift. In Familien spricht man hierüber schon früh, ausdauernd und in allen denkbaren Variationen – immer wieder: »Wer will belogen werden? Magst du es, wenn man dir etwas klaut? Würdest du es schön finden, wenn dir jemand die Tür vor der Nase zuknallt? Was findest du selbst zum Beispiel unhöflich?«

Doch die Denksportaufgabe ist sogar noch größer: Eng mit der Perspektivität verbunden ist der Aspekt des Einfühlungsvermögens und der Angemessenheit. In dem (ur)alten Schülerwitz vom Tod des Freiherrn von Knigge ist ein Körnchen dieser Wahrheit aufgehoben: Knigge reiste einst mit dem Schiff übers Meer, und als dieses Schiff in Seenot geriet, sprang er ins Wasser. Da kam ein Hai daher, und Knigge zog das Messer. Der Hai sagte: »Aber Exzellenz! Fisch mit dem Messer?« und ließ ein verächtliches Gurgeln hören. Beschämt steckte Knigge sein Messer ins Futteral zurück. Kurz darauf wurde er gefressen.

Form follows function

Keine Form der Höflichkeit passt immer und überall, und es gibt auch keine ausgesprochenen Regeln, die sich in jeder Lebenslage bewähren. Das mag man bedauern, aber es hat auch seine guten Seiten. Man muss eben abwägen lernen, Fingerspitzengefühl entwickeln und versuchen, die Welt kurz mit den Augen des anderen zu sehen – das hilft geistigen Kapazitäten auf die Sprünge, die man auch bei der Lösung anderer Probleme ganz gut gebrauchen kann.

»Die Bereitschaft zu höflichem Verhalten ist, ähnlich wie die übrigen Normen der Höflichkeit, nicht als etwas unbedingt Gesolltes anzustreben«, betont Karlheinz Valtl. Weniger das Wollensollen als die selbst getroffene freie Entscheidung, sich an einzelne Konventionen zu halten oder eben nicht, stellt er ins Zentrum seiner Betrachtung. Schließlich schaffe der Verhaltenscode der Höflichkeit durchaus die Möglichkeit zur absichtlichen Unhöflichkeit – auch dies ist eine legitime

Verwendungsweise der Zeichen. Die Einsicht in den prinzipiellen Nutzen, den Menschen miteinander und auch die Gesellschaft insgesamt haben, wenn die Prinzipien der Höflichkeit eingehalten werden, hält er jedoch für ein unverzichtbares Erziehungsziel. Und dafür gilt es zu werben: »Höflichkeit kann ein Gegenstand der Lust sein, es kann Freude bereiten, an einer Kommunikation teilzunehmen, die ästhetisch geformt und für alle Beteiligten angenehm und befriedigend ist, und es kann Freude bereiten, Freundlichkeit und Rücksichtnahme im Umgang zu üben und die Verhaltensmuster der Höflichkeit zu beherrschen.« Übertrieben strenge Erwartungen und ständige Ermahnungen an Kinder und Jugendliche könnten die Freude am guten Benehmen nur verderben und überdies ihre Befürchtungen nähren, sie benähmen sich stets daneben. Das Ziel ist ein anderes: »Höflichkeit besteht nicht in steifer Pflichterfüllung, sondern in einer kreativen, im Alltag meist lässigen Handhabung der einzelnen Verhaltensmuster, die auf keinen Fall die Freude am Umgang mit Menschen schmälern, sondern diese vergrößern sollte.«

Etwas Routine hilft durchaus bei der Vergrößerung der Freuden, die wir mit anderen Menschen teilen können. Wer immer wieder überlegen muss, ob er dem Lehrer nun einen guten Morgen wünschen soll, wozu noch mal genau Messer und Gabel neben dem Teller liegen, ob er am Telefon seinen Namen nennen oder es dabei belassen soll, ein »Ja!« zu bellen, dem entgeht die Entlastung, die eine gewisse Stilsicherheit ja auch mit sich bringt.

Dem anderen nicht an die Gurgel springen: Soziale Kompetenz

Höflichkeitserziehung kommt ohne Drill aus, wenn sie sich darauf beschränkt, der Verinnerlichung der Tatsache zuzuarbeiten, dass jede Handlung in einer sozialen Umgebung stattfindet. Diese ist mit lebenden Menschen bestückt, die wiederum Ansprüche, Wünsche und Empfindlichkeiten haben, die man von sich selbst gut kennt. Kurz, es geht »um die Verinnerlichung der Tatsache, dass es den anderen gibt« – auch wenn man ihn nicht leiden kann. Das gesamtgesellschaftliche Veränderungspotential höflichen Verhaltens veranschlagt Karlheinz Valtl nicht zu hoch: »Die Einflüsse, die die Umgangsformen tatsächlich prägen, stammen vielmehr aus dem sozialen Beziehungsgefüge selbst.« Erziehungsinstitutionen wie Familie oder Schule seien dabei zwar nicht ganz überflüssig, sondern durchaus ein Akteur auf der Bühne des gesellschaftlichen Lebens. Aber die Aussicht, Höflichkeitsformen allein durch Erziehung verändern zu können, sei gering. Die eigentliche Aufgabe bestehe darin, über die augenblicklich geltenden Umgangsformen zu informieren und selbst informiert zu sein: »Wichtiger als ein abschließendes Urteil über einzelne Höflichkeitsformen ist daher, dass dem Lernenden selbst Kriterien für eine rationale Kritik und für eine eigenständige Entscheidung über die situationsadäquate Anwendung bestimmter Umgangsformen an die Hand gegeben werden.«

Nicht blinde Anpassung an herrschende Verhältnisse und starre Konventionen sollten den erzieherischen Gestaltungswillen bestimmen, meint Karlheinz Valtl zur Aufgabe des Erziehers. Diese sieht er vielmehr im Versuch, den Raum innerhalb der Grenzen zu besiedeln, die der ungebremsten Selbstentfaltung durch die Normen höflichen Verhaltens gezogen sind – den Raum, den ein Individuum unangefochten für sich gegenüber anderen beanspruchen kann. Fluch und Segen der Höflichkeit gehen diesen Weg Hand in Hand: Als System eines Verhaltenscodes aus Do's und Don'ts schränkt die Höflichkeit die gesellschaftlichen Äußerungsmöglichkeiten des Individuums ein, aber stellt ihm zugleich ein hochwirksames Mittel zur Behauptung seiner eigenen Interessen zur Verfügung, indem sie die gesellschaftlich akzeptierten Formen der Selbstbehauptung lehrt.

Da lob ich mir die Höflichkeit, das zierliche Betrügen …

»Können Sie mir bitte sagen, wie spät es ist?« Zweifellos handelt es sich hier um eine höflich formulierte Frage. Wenn jedoch der so Angesprochene sie mit einem ehrlichen »Ja!« beantwortet und zügig weiter seiner Wege zieht, fühlen wir uns düpiert von so viel Unfreundlichkeit – dabei hat man unsere Frage doch durchaus korrekt beantwortet.

Dahinter steckt die stillschweigend von uns allen geteilte Übereinkunft, dass der indirekte Weg der bessere ist, um einen Wunsch erfüllt zu bekommen: Er gilt als höflich. Die Abschwächung von Aufforderungen ist eine prominente Höflichkeitsstrategie, die wir alle einsetzen, um zu erhalten, was wir wollen, ohne den anderen damit allzu sehr zu bedrängen, aber auch, um seine Abwehr nicht unnötig aufzustacheln. Das ist geschickt: Mit Umschreibungen und Frageformen tarnen wir die Aufforderungen, schwächen den pragmatischen Druck ab, den unser Anliegen auf den Angesprochenen ausübt, wenn es direkt und unverblümt ausgesprochen wird. Denn wir mögen keine direkten Befehle in der Art von »Sagen Sie mir, wie spät es ist!« und nähern uns als Bittsteller dem Adressaten lieber indirekt mit der Frage nach seiner Fähigkeit und Bereitschaft: »Könnten Sie bitte …« oder: »Wären Sie vielleicht so freundlich …« oder: »Sei ein Schatz, tu mir den Gefallen …«. Oder wir begnügen uns damit, ein Bedürfnis sachlich, doch im Konjunktiv zu schildern: »Ich bräuchte mal die genaue Uhrzeit.« Trotzdem werden auch unsere indirekten Annäherungsversuche im Gespräch eindeutig als Handlungsaufforderungen verstanden – wir erfahren prompt, was wir wissen wollten: wie spät es ist. Damit der Angesprochene aber auch in der indirekten Frage oder dem bloßen Hinweis auf ein Bedürfnis den Imperativ erkennt, seinen Ärmel hochschiebt und einen Blick auf die Uhr wirft, muss er über die Grundregeln der Konversation Bescheid wissen. Dazu sollte er zumindest ansatzweise über ein mehr oder weniger bewusstes Konzept von Höflichkeitsstrategien verfügen. Und mit dessen Aufbau beginnt jeder von uns schon ganz am Anfang des Lebens.

Schon so früh!

Verhaltensmuster wie die Abschwächung direkter Befehle und das Ausweichen in indirekte Frageformen, die den Strategien der Höflichkeit zugerechnet werden können, sind im dritten Lebensjahr ausgeprägt und reifen schon vorher stufenweise. Einjährige, die einen Keks haben wollen, variieren bereits ihre Tonlage je nach der Person, die den Keks reichen soll. Sicher, schrille Kommandos kommen auch vor. Aber als Anderthalbjährige intonieren sie deutlich in Frageform, wenn der kleine Hunger zwischendurch sie packt: »Keks?« Um den zweiten Geburtstag herum kommt das unvermeidliche »Kann ich? Keks?« hinzu: Die erste Stufe – von der Linguistin Elisabeth Bates in einer fundierten Forschungsarbeit mit sechzig kleinen Kindern herausgearbeitet – ist erklommen. Sie gehört zu den Vorformen der Höflichkeit.

In der zweiten Stufe reift die Strategie der Abschwächung und Verkleinerung von Willensbekundungen: Mit etwa zwei Jahren findet das kleine Wort »bitte«, begleitet von »danke«, den Weg in die Sprache. Spracherwerb und -gebrauch orientieren sich aber beinhart an Effizienzkriterien – also daran, ob ein Kommunikationsakt zum gewünschten Erfolg führt oder nicht –, ohne dass die persönliche Reaktion des Gesprächspartners Berücksichtigung findet. Typischerweise wird eine Bitte, die nicht erfüllt wurde, nochmals unverändert oder in größerer Lautstärke wiederholt. Die Möglichkeit, dass die Forderung zu direkt gestellt ist und dadurch negativ auf den Empfänger wirkt, ziehen kleine Kinder noch nicht in Betracht. Doch allmählich gesellt sich die Angabe von Gründen zur Forderung dazu: »Ich will Saft, weil ich Durst habe.« Das elementare »Ich will« duckt sich. Verkleinerungsformen aller Art begleiten die ursprünglichen Absichten – »nur ein bisschen«, »nur ganz kurz«, »nur einmal«, »nur mal abbeißen«. Manche Anweisungen kommen schon im Gewand der Unpersönlichkeit daher: »Hier braucht man einen Schlüssel.« Doch natürlich gibt es auch die Unhöflichkeit, die voll beabsichtigt ist, um Trotz, Wut und Ärger auszudrücken: »Ich will alle Erdbeeren. Ich esse sie alle selber auf!«

Das indirekte Sprechen gewinnt ab etwa dreieinhalb Jahren an Gewicht. Aber im Allgemeinen wissen dreijährige Kinder schon ganz genau, was Erwachsenen gefällt. Erzieher früherer Generationen haben den Wunsch zu gefallen häufig ausgenutzt, um Kinder zum Knicksen und Küsschengeben abzurichten. Das ist glücklicherweise vorbei, aber rühren die süßen Dreijährigen nicht immer noch ans Herz, wenn sie ein kleines »dannte ssön« wispern, bevor sie sich über ihren Eisbecher hermachen? Ganz von allein und ohne dass Eltern nennenswert eingreifen, nur über den Beifall der Umwelt angespornt, macht hier ein Kind seine erste höfliche Phase durch. Das legt sich zwar auch wieder, aber eine wichtige Erkenntnis über das Wesen der Höflichkeit dämmert schon: Höflichkeit macht beliebt. Wer die Metzgersfrau lieb anlächelt, kriegt eine Wurst. Wer in der Apotheke Danke für den Traubenzucker sagt, kriegt beim nächsten Mal bestimmt wieder einen. Wenn die große Zeit der Rollenspiele anbricht, steht auch dem guten Ton eine neue Blüte bevor; vorausgesetzt, es gibt Erwachsene, die im Alltag solche Floskeln verwenden, welche die Kleinen sich dann abgucken können. Dann findet man die höflichsten Kinder der Welt – im Kaufmannsladen. »Darf es sonst noch etwas sein?«, »Möchten Sie, dass ich Ihre Bananen einpacke?« und neuerdings, seit der höchst verdienstvollen Mitarbeiterschulung im Supermarkt, wird man als einkaufender Erwachsener schon mal mit einem »'nen schönen Tag noch« entlassen. Und das pflanzt sich fort: »Schönen Tag noch« – damit schließen heute schon Dreijährige ihr Verkaufsgespräch an der Ladentheke im Kinderzimmer.

Irgendwie kriegen sie's doch alle mit: Zwischen fünf und sechs Jahre alte Kinder wissen, dass man sich bedankt, wenn man etwas geschenkt bekommt, und haben eine ungefähre Ahnung davon, dass das Messer neben dem Teller nicht dazu da ist, um Kerben in die Tischplatte zu ritzen. Manchen gelingt schon der Zaubertrick, kurz in die Haut eines anderen zu schlüpfen. Wie weh das tut, wenn alle lachen, weil man dick ist oder nicht richtig Deutsch sprechen kann, davon haben Erstklässler schon eine klare Vorstellung. Außerdem sind sie alt genug, um Ermahnungen zu verstehen und zu befolgen. Dann wäre ja eigentlich alles gut, und die Eltern könnten sich aufatmend zurücklehnen. Doch wer das tut, hat die Rechnung ohne den Trotz gemacht und unterschätzt wahrscheinlich auch die unwiderstehliche Lust an Machtkämpfen, den Spaß am Protest und seine Verlockungen. Welche Gelegenheit wäre besser geeignet, um die Eltern mal so richtig zu blamieren, als wenn Besuch kommt oder ein Familienfest zu feiern ist? Höchstens bei anderen Leuten zu Gast oder unter lauter Fremden benehmen sich Schulkinder wirklich so gut, wie ihre Eltern das gerne hätten.

Und in der Pubertät legen sie erst richtig los. Sobald das Schild mit der Aufschrift »Wegen Umbau geschlossen« auf der vormals zart gewölbten Kinderstirn sichtbar wird, geht's mit den Manieren bergab. Teenager schätzen durchaus Freundlichkeit, Takt und die respektvolle Haltung der Mutter, die eine warme Mahlzeit bereithält, wenn sie drei Stunden später als abgesprochen nach Hause kommen. Doch ihr Blick auf die üblichen Umgangsformen, die sie durchaus beherrschen, hat an Schärfe gewonnen: Die vielen kleinen und etwas größeren Lügen, die in der formalen Höflichkeit auch stecken, werden unbarmherzig und hochmoralisch enttarnt. »Tu doch nicht so scheißfreundlich«, quittieren sie die heuchlerische Begeisterung der Mutter über den ungebetenen Besuch der Schwiegermutter und stürzen die Arme damit in eine peinliche Situation. Sie sticheln und stänkern und bohren mit gespielter Harmlosigkeit an allem herum, was man ihnen im Lauf der Jahre so mühsam nahe gebracht hat. »Ich hab keinen Bock, den Nachbarn zu grüßen. Weil ich ihn nicht leiden kann. Basta«, sagen sie, setzen den Walkman auf die Ohren und schlenzen aus dem Zimmer, während man selbst hilflos mit den Armen rudert und irgendetwas über die Gebote der Höflichkeit faselt. Für die Eltern mag das schwierig, frustrierend und unangenehm sein. Aber wenn die groß und größer gewordenen Kinder anfangen, alles an Gepflogenheiten infrage zu stellen, was ihnen im Laufe ihres 14-, 15-jährigen Lebens begegnete, ist das auch ihr gutes Recht. Nicht nur die Neigung zum Regelverstoß gehört seit Menschengedenken zum Vorrecht der Jüngeren. Auch in ihren Aufgaben gleichen sie sich in jeder Generation – allem voran darin, Antworten auf die Frage zu finden, welche Umgangsformen wert sind, beibehalten zu werden, welche noch dazuerfunden werden müssen, um die Zustände zu verbessern, und welche schlicht überflüssig sind. Erlaubt nicht erst die relative Freiheit von Verpflichtungen, die Freude an ihnen zu entwickeln?

Doch vorerst ist es noch nicht so weit.

Auf dem Weg zur Höflichkeit

Der sechsjährige Max sitzt mit seiner Mutter im Bus. Als eine grell geschminkte ältere Dame im Leopardenfellmantel einsteigt, kann er nicht mehr an sich halten. »Guck mal, Mama«, ruft er aufgeregt und fuchtelt mit dem Zeigefinger, »die Frau ist ganz bunt im Gesicht!« – peinlich, peinlich. Aber nicht für Max. Er hat nur ausgesprochen, was er gesehen hat. Höfliches Schweigen ist eine Kunst, die sich Kindern erst nach und nach erschließt. Der Weg dahin ist mit Pannen gepflastert. Unbekümmerte Kommentare von Kindern über das Aussehen anderer Leute wie »Oh, Mama, guck mal, der Mann hat ja einen Busen!« stürzen die Erwachsenen an ihrer Seite häufig in beträchtliche Verlegenheiten.

Kindermund tut Wahrheit kund – leider

Auch gute verwandtschaftliche Beziehungen können einen empfindlichen Knacks kriegen, wenn Kinder zwischen vier und sieben Jahren erkennbar große Mühe haben, ein Blatt vor den Mund zu nehmen. »Oma, du stinkst!« ist so ein Torpedo zwischen den Generationen, den ein Kind noch nicht einmal böse gemeint haben muss. Ihm ist vielleicht nur der üble Mundgeruch von Oma aufgefallen. Trotzdem braucht eine durchschnittliche Schwiegertochter danach gut ein halbes Jahr, um den Lapsus halbwegs wieder gutzumachen.

Ehrlich oder höflich sein – für kleine Kinder ist das keine Frage. Denn um abzuwägen zwischen dem Gebot, immer die Wahrheit zu sagen, und demjenigen, niemanden zu kränken, müssten sie sich in andere hineinversetzen können. Wir hingegen können das schon ganz gut.

Lügen haben lange Beine ...

... oder jedenfalls erwachsene: Glatt und flott kommen uns die faustdicksten Lügen über die Lippen, natürlich stets für einen guten Zweck. »Aber das macht doch überhaupt nichts!«, flöte ich höflich, als die alte Dame im Supermarkt mir kurz vor Ladenschluss die letzte Milchtüte im Kühlregal vor der Nase wegschnappt. »Klar, kein Problem, bring ihn her«, sage ich zu der Freundin, die von ihrem Babysitter versetzt wurde und mit unüberhörbarer Panik am Telefon etwas von einem Friseurtermin, den sie ungern absagen würde, herunterhaspelt – ausgerechnet an dem Nachmittag, an dem alle meine Kinder verabredet sind und ich endlich einmal ein paar Stunden für mich alleine haben könnte.

»Hm, diese Lasagne ist der helle Wahnsinn. Ich wusste ja gar nicht, dass Sie so gut kochen können«, schwärme ich angesichts des restlichen matschigen Nudelarrangements auf meinem Teller, um die Gefühle meines Nachbarn zu schonen, der mir mit leuchtenden Augen soeben ein zweites Mal auftun will. »Also so was! Das ist ja ein total schönes Bild, das du da gemalt hast!«, lüge ich meine vierjährige Nichte an, die mir stolz ein undefinierbares Klecksgebilde entgegenstreckt, und beteuere dreist in ihr skeptisches Gesichtchen hinein: »Doch, echt! Ganz super!«

Ganz anders meine Kinder – Lügen aus Höflichkeit sind ihre Sache nicht. »Iiih, hast du viele Falten unter den Augen«, sagte meine große Tochter angewidert, nachdem sie mich mit strengem Blick gemustert hatte. »Du bist bestimmt schon ganz schön alt«, lässt der Jüngste sich vernehmen, »weil du so viele graue Haare hast.« Und im Bikini zeige ich mich der Bande schon lange nicht mehr, seit diesem Nachmittag im Freibad vor zwei Jahren, als meine kleine Tochter ihren Blick auf meinem Bauch ruhen ließ und dann bemerkte – nein, das sage ich jetzt wirklich nicht.

Kleinen Kindern fehlt das Gefühl dafür, dass sie andere mit ihren Äußerungen verletzen können. Natürlich können sie lügen, dass sich die Balken biegen – oder glauben Sie etwa einem Sechsjährigen, der mit marmeladeverschmiertem Gesicht beteuert sich gerade die Zähne geputzt zu haben? Auch seinem siebenjährigen Freund, der Ihnen stolzgeschwellt erzählt, dass er neun größere Brüder habe, die alle bei den Olympischen Spielen in Athen eine Goldmedaille gewonnen haben, werden Sie spontan keinen Glauben schenken. Doch die Lüge lassen Sie durchgehen ...

Der schonungsvolle Umgang mit der Wahrheit
will gelernt sein

Kinder lernen erst allmählich ihre Zunge im Zaum zu halten, um anderen Peinlichkeit und Scham zu ersparen, oder gar auf eine höfliche Lüge zurückzugreifen, um die Gefühle eines anderen zu schonen. Denn dazu müssen sie erst einmal imstande sein, die Perspektive zu wechseln. Sich in einen anderen hineinversetzen, dessen mögliche Reaktionen vorhersehen und in die eigenen Handlungen oder Äußerungen mit einplanen können, das ist ein geistiger Kraftakt, für den ein Kind länger braucht.

Der sechsjährige Daniel lässt noch völlig unbekümmert seine Tante wissen, dass er deren Geburtstagsgeschenk, ein Bären-Puzzle, »total blöd und langweilig« findet. Beim neunten oder zehnten Geburtstag wird er dann vielleicht sagen: »Danke schön, Tante Sabine, das Puzzle ist sehr schön.« Das stimmt zwar möglicherweise nicht – aber Daniel spürt nun, dass Tante Sabine es »gut gemeint« hat. Er will sie deshalb nicht verletzen und flunkert ihr zuliebe. Damit geht er nur ein Risiko ein: dass er zu Weihnachten noch ein Puzzle kriegt – vielleicht diesmal mit Entchen?

Im Hin und Her zwischen den Erfordernissen von Ehrlichkeit und Höflichkeit entwickeln Kinder erst langsam eine Strategie, die Klippen unangenehmer Wahrheiten, die andere verletzen könnten, zu umschiffen. Mit fünf Jahren können die wenigsten überhaupt nur den Konflikt zwischen widerstreitenden Normen erkennen. Wenn ihnen ein Geschenk nicht gefällt, ihnen ein Passant merkwürdig vorkommt oder ein Kuchen nicht schmeckt, dann sagen sie das auch. »Weil es stimmt« oder »weil man die Wahrheit sagen soll« oder »weil ich doch nicht lügen will« – so begründen sie ihr offenes Wort. Manche führen auch ganz nüchtern strategische Überlegungen ins Feld: »Dann backt sie den Kuchen nicht wieder, wenn ich das nächste Mal zu Besuch komme«, erklärt ein Sechsjähriger, warum er der Mutter seines Freundes lieber ehrlich sagen würde, dass der Kuchen eklig schmeckt.

Ob Kinder zwischen sechs und zehn Jahren ehrliche Antworten oder höfliche Lügen bevorzugen, wie sie ihre Entscheidung begründen und welche Vorstellungen von Höflichkeit sie haben, erforschten die beiden Psychologinnen Sabine Walper und Renate Valtin vor einigen Jahren an der Berliner Humboldt-Universität. Sie legten 73 Grundschulkindern eine Bildergeschichte vor, in der eine heikle Situation mit einer höflichen Lüge überspielt werden soll: Ein Kuchen ist misslungen. Die Bildergeschichte schildert in vier Versionen, wie Rosa oder Rudi – für die Mädchen gibt es weibliche, für die Jungen männliche Akteure – ihren Freund Karl oder ihre Freundin Katja besuchen. Entweder die Schwester von Karl oder Katja oder die Mutter von einem der beiden Gastgeberkinder hat einen Kuchen gebacken, der reichlich scheußlich schmeckt.

Was sagt man da, wenn man gefragt wird, wie der Kuchen schmeckt? Die 37 Jungen und 36 Mädchen sollten sich nun vorstellen, dass Rosa und Rudi genauso wie Karl und Katja höflich lügen: »Ja, danke, der Kuchen schmeckt gut.« Was aber würden sie selbst in dieser Situation wohl sagen? Klarer Fall für die Sechsjährigen – nur ganz wenige Kinder schonen den glücklosen Kuchenbäcker mit einem »Ja, danke gut«. Fast alle würden mit der Wahrheit nicht hinter dem Berg halten, einige führen pragmatische Gründe für ihre Ehrlichkeit an: »Dann brauche ich den Kuchen nicht zu essen.« Fast die Hälfte der Achtjährigen dagegen will den Kuchenbäcker nicht verletzen und übergeht das Malheur. Höfliches Schweigen schont die Beziehung – dieser Erkenntnis sind Achtjährige schon einen

179

großen Schritt näher gekommen. Sie wägen ab zwischen Ehrlichkeit und dem Wert, den eine zwischenmenschliche Beziehung für sie hat. Das kann kaum ein Kind ganz von allein. Aber wenn man mit ihnen solche Situationen hin und wieder bespricht, wächst das Fingerspitzengefühl schneller. Etwa ab dem siebten Geburtstag sind Kinder imstande, das Für und Wider von Ehrlichkeit und Höflichkeit abzuwägen. Wer in diesem Alter rückhaltlose Offenheit bevorzugt, räumt manchmal schon dem anderen eine zweite Chance ein: »Ich würde sagen, dass der Kuchen nicht schmeckt, damit sie dann das nächste Mal ins Rezept gucken kann.«

Erst mit zehn Jahren: Die Sorge um den Eindruck, den man hinterlässt

Die Zehnjährigen in der Untersuchung von Sabine Walper und Renate Valtin hingegen entscheiden sich in überwältigender Mehrheit für die höfliche Lüge, weil sie den Kuchenbäcker nicht traurig machen wollen. Erst in diesem Alter führen die Kinder ein weiteres Motiv für das Beschönigen an: Sie sorgen sich um den Eindruck, den sie beim Gegenüber hinterlassen, wenn sie wahrheitsgemäß sagen, dass der Kuchen nicht schmeckt. »Sonst denken die, iih, ist der Junge frech, den laden wir nicht mehr ein«, überlegt ein älterer Junge. »Dass ich keine Manieren habe, denken die dann«, fürchtet ein zehnjähriges Mädchen.

Wenn es hingegen die eigene Mutter ist, die den Kuchen vermasselt hat, finden die meisten Kinder quer durch alle Altersstufen, dass Rücksicht fehl am Platze ist: »Es ist ja die eigene Familie, da soll man doch nicht so lügen«, fasst ein Zehnjähriger stellvertretend für alle zusammen. Warum Höflichkeitslügen bei gleichaltrigen Freunden schon eher angebracht sind als in der Familie, begründet ein Achtjähriger so: »Eine Mutter anzulügen ist schlimmer als das Kind.«

Auf dem Weg vom ungeschminkt daherplappernden Sechsjährigen bis zum sorgsam seine Worte abwägenden Zehnjährigen schaffen die Kinder einen großen Sprung in ihrer geistigen Entwicklung. Dass seine Tante traurig ist, wenn Daniel ihr sagt, dass ihr Geschenk doof ist, kann auch der Sechsjährige schon erkennen. Doch die beschämte, verletzte oder betrübte Reaktion des Gegenübers vorwegzunehmen und das, was man sagen will, deswegen abzumildern gelingt Kindern erst um den achten, neunten Geburtstag herum. Besonders schwer fällt das, weil eine andere starke Norm solchem Handeln widerspricht: Man soll doch immer ehrlich sein! Aber nicht unter allen Umständen – so etwa könnte man die erweiterte Aufgabe beschreiben. Und da wird es auch schon heikel. Abwägen zu können zwischen Ehrlichkeit und Höflichkeit markiert einen großen Entwicklungsschritt, doch gut wäre es, wenn Kinder auch erfahren würden, dass Notlügen nur in Notlagen erlaubt sind. Wenn man sie mit dem Auftrag, Mama oder Papa zu verleugnen, ans Telefon schickt, weil man gerade keine Störung beim Fernsehen gebrauchen kann, übermittelt man die falsche Botschaft – dass es in Ordnung ist, auf Befehl zu lügen.

Zwischen dem siebten und dem elften Lebensjahr entwickelt sich die Fähigkeit, die Gefühle des anderen als Reaktion auf eigene Handlungen zu begreifen und sie vorneweg zu berücksichtigen. Jeder Erstklässler, der eine Missetat unterlässt, weil er sich die Folgen dieser Unternehmung vergegenwärtigt, vollbringt eine reife geistige Leistung. Die Fähigkeit der sozialen Perspektivenübernahme ist eine grundlegende Kompetenz für das Verständnis und die Beurteilung sozialer Beziehung. Fast alle Sechsjährigen sehen deutlich, dass die ungeschminkte Wahrheit den anderen verletzen kann, doch wiegt das Gebot, ehrlich zu sein, noch viel schwerer. Für Achtjährige steht die Kränkung und Verletztheit im Vordergrund, die bei den anderen durch die ehrliche Antwort hervorgerufen wird. Erst zehnjährige Kinder können abwägen und berücksichtigen, in welcher Situation sie sich befinden: Gegenüber fremden Erwachsenen, bei denen sie zu Gast sind, ist Zurückhaltung und Höflichkeit geboten, gegenüber der eigenen Mutter jedoch berufen sich die Kinder auf Vertrautheit, die Offenheit ermöglicht.

Viele kleine Schritte gehen dem gedanklichen Sprung in die Haut eines anderen voraus. Eltern können ihre Kinder auf diesem Weg ganz gut unterstützen. Dass sich auch Erwachsene bestimmten Gepflogenheiten unterwerfen und bisweilen etwas für andere tun, obwohl sie nicht besonders davon begeistert sind, ist eine Tatsache, die Kindern nicht bekannt ist, bevor sie zur Schule gehen müssen. Aber schon viel kleineren Kindern dämmert etwas davon, wenn sie sich mit vier, fünf Jahren von Gesetzen, Geschwindigkeitsbeschränkungen und Verboten faszinieren lassen und mit einem Mal feststellen, dass auch ihre mächtigen Eltern sich bestimmten Regeln unterwerfen müssen.

Es kann nie schaden, ganz nebenbei eine Begründung dafür einfließen zu lassen, warum man etwas tut – aus Überzeugung, nicht aus Begeisterung –, und zu hoffen, dass der Funke überspringt: »Wir werfen die Bananenschale mal lieber in den Papierkorb, damit kein anderer darauf ausrutscht.« Oder: »Wir wollen der alten Dame von oben die schwere Tasche hinauftragen, es geht ihr heute ja gar nicht gut.« Etwas Fingerspitzengefühl bei dieser Art Erklärung braucht es allerdings auch. Sonst gewinnt das Kind den Eindruck, von hilfsbedürftigen, nervigen, unerbittlichen Nervensägen umgeben zu sein, denen immer alles recht zu machen ist. So etwa: Gott hat uns auf die Welt geschickt, damit wir anderen helfen. Warum er die anderen geschickt hat, bleibt sein Geheimnis.

Auch wenn sich Kindern die ganze Wahrheit über die Höflichkeit erst nach und nach erschließt – höflich zu sein bedeutet eher, freundlich und rücksichtsvoll miteinander umzugehen, als eine Reihe höflicher Floskeln mechanisch herunterbeten zu können. Am besten gedeiht diese Fähigkeit in einem wachstumsfördernden Klima zu Hause – in einem Umfeld, das anregt. In dieser Hinsicht gleicht ein Erziehen zur Höflichkeit dem Erlernen einer fremden Sprache: Vokabelkenntnisse und die Fähigkeit, grammatische Regeln richtig anzuwenden, verbürgen sichtbare Fortschritte. Aber Englisch oder Spanisch fließend zu sprechen lernt man doch am besten und schnellsten da, wo die Menschen um einen herum in derselben Sprache reden.

Unterscheiden lernen:
Die Feinheiten kommen dazu

Bei ihrer Entscheidung für oder gegen höfliche Lügen beginnen Kinder mit etwa acht Jahren immer stärker zu berücksichtigen, in welcher Situation sie sich befinden – ob sie zu Hause sind oder woanders zu Gast, ob es um fremde oder vertraute Personen geht, um andere Kinder oder Erwachsene. Sie erkennen den Widerstreit zwischen Höflichkeit und Ehrlichkeit und sehen sich in einem Dilemma, das sie mit einem kleinen Etikettenschwindel nach Erwachsenenart lösen. Beschönigende Antworten, die andere schonen sollen, sind »keine direkten Lügen«, sondern »nur ein bisschen schwindeln« – so sind einige Achtjährige dem feinen Unterschied zwischen faustdicken Lügen und heiklen Halbwahrheiten auf der Spur.

Der kleine Max im Bus hat noch ein Stück Arbeit vor sich, um das höfliche Schweigen zu lernen. Seine Mutter hat ihm erklärt, dass man nicht über alles so laut reden soll, weil man andere damit verletzen kann. Das hat er nicht verstanden. Sie hat ihm vorgeschlagen, dass sie beide künftig einfach zu Hause über die Leute reden könnten, die ihm komisch vorkommen, aber nicht mehr laut und deutlich, wenn diese Leute es hören können. Damit war Max, so schien es, zufrieden. Ein paar Wochen später saßen die beiden wieder im Bus, und seine Mutter hält unwillkürlich die Luft an, als ein grünhaariger,

sicherheitsnadelgespickter und kettenklirrender Punk einsteigt. Doch Max bleibt kühl. »Mama, guck mal«, ruft er, und
der Zeigefinger blcibt tatsächlich unten, »über den Mann da
müssen wir zu Hause unbedingt noch reden.«

In schonenden Lügen ein Beispiel für Höflichkeit zu sehen, das gelingt kaum einem sechsjährigen Kind, dafür aber
fast allen Zehnjährigen. Sie wissen von Rosa, Rudi, Karl und
Katja genau: »Da, wo sie gelogen haben, ist das höflich.« Je
älter Kinder sind, desto positiver beurteilen sie die höfliche
Lüge; vor allem aber Mädchen verstehen die Notlüge als
erwiesene Höflichkeit. Jungen dagegen beziehen Höflichkeit
stärker auf konkrete Verhaltensweisen und nennen Beispiele:
»nett und brav sein«, »lieb sein«, »hilfsbereit, vor allem gegenüber Omas, sein«. Mädchen nennen eher sprachliche Formen
von Höflichkeit in ihren Beispielen: »Bitte und Danke sagen«,
»begrüßen«, aber auch »ordentlich essen« – und Gefälligkeits-
lügen. Erst Zehnjährige sind mit der Fähigkeit, gleichzeitig
zwei Perspektiven zu berücksichtigen, in der Lage, das Gebot
der Ehrlichkeit gegen die Erfordernisse der Höflichkeit abzuwägen. Allen voran die älteren Mädchen haben die soziale
Funktion der Höflichkeit verinnerlicht: Sie soll den Umgang
miteinander erleichtern und beruht auf Gegenseitigkeit. Eine
Zehnjährige beschreibt das so: »Du verträgst dich mit allen
besser, und du hast an deinen Mitmenschen Freude. Die anderen haben auch Spaß mit mir, und es ist schön.« Besser hat es
auch Adolph Freiherr von Knigge seinerzeit nicht ausdrücken
können. »Über den Umgang mit Menschen« wollte er, allerdings nur den »Jünglingen«, vermitteln: »Vorschriften, wie
der Mensch sich zu verhalten hat, um in dieser Welt und in
Gesellschaft mit anderen Menschen glücklich und vergnügt
zu leben und seine Nebenmenschen glücklich und froh zu
machen.«

Literatur

ANKER, JENS: »Schlechte Noten für Berlins Abgeordnete«. In: Der Tagesspiegel vom 15. 5. 2004.

ARISTOTELES: Nikomachische Ethik, »Die Sittliche Tugend der Gewöhnung«. In: ders.: Hauptwerke, Stuttgart 1977.

ASSERATE, ASFA-WOSSEN: Manieren, Frankfurt 2003.

BINDER, ELISABETH: Wer sich in Gesellschaft begibt: Kleines Regelwerk für Individualisten, Berlin 2003.

BLOMBERG, ANNE VON: Der Höflichkeitsfaktor. Etikette heute: von der Liebe bis zum Geld, Reinbek bei Hamburg 2003.

BLY, ROBERT: Die kindliche Gesellschaft: über die Weigerung, erwachsen zu werden. Aus dem Amerikanischen von Klaus Fritz und Reinhard Tiffert, München 1997.

BRASCH, CHRISTINE: Der gute Ton für kleine Rüpel – und entnervte Eltern, Freiburg 1996.

CARTER, STEPHEN L.: Civility: Manners, Morals and the Etiquette of Democracy, New York 1998.

CIARAMICOLI, ARTHUR P. und KATHERINE KETCHAM: Der Empathie-Faktor. Aus dem Englischen von Elfriede Peschel, München 2001.

COMTE-SPONVILLE, ANDRÉ: »Die minimale Tugend: Höflichkeit«. In: Stäblein, Ruthart (Hrsg.): Höflichkeit, a. a. O.

COULMAS, FLORIAN: Die Deutschen schreien. Beobachtungen von einem, der aus dem Land des Lächelns kam, Reinbek bei Hamburg 2001.

ELIAS, NORBERT: Über den Prozess der Zivilisation, Band 1 und 2, Frankfurt a. M. 1993 und 1994.

ERASMUS VON ROTTERDAM: »Über die Umgangserziehung der Kinder« [ersch. 1530]. In: ders.: Ausgewählte pädagogische Schriften, hrsg. von Anton Gail, Paderborn 1963.

FELDERER, BRIGITTE und THOMAS MACHO (Hrsg.): Höflichkeit. Aktualität und Genese von Umgangsformen, München 2002.

FORNI, PIER M.: Bitte recht höflich! 25 Regeln, die Ihr Leben verändern, Bern, München, Wien 2002.

FRANCK, GEORG: Die Ökonomie der Aufmerksamkeit: ein Entwurf, München, Wien 2003.

GASCHKE, SUSANNE: Die Erziehungskatastrophe. Kinder brauchen starke Eltern, Stuttgart, München 2001.

GERSTER, PETRA und CHRISTIAN NÜRNBERGER: Stark für das Leben: Wege aus dem Erziehungsnotstand, Berlin 2003.

GOFFMAN, ERVING: Das Individuum im öffentlichen Austausch: Mikrostudien zur öffentlichen Ordnung, Frankfurt a. M. 1974.

GOFFMAN, ERVING: Interaktionsrituale: Über Verhalten in direkter Kommunikation, Frankfurt a. M. 1971.

GOLEMAN, DANIEL: Emotionale Intelligenz. Aus dem Englischen von Friedrich Griese, München 2001.

HENTIG, HARTMUT VON: Rousseau oder Die wohlgeordnete Freiheit, München 2003.

HENTIG, HARTMUT VON: Ach, die Werte! Über eine Erziehung für das 21. Jahrhundert, München, Wien 1999.

ILLIES, FLORIAN: Generation Golf zwei, München 2003.

KANT, IMMANUEL: Über Pädagogik, Einleitung. In: ders.: Werke in sechs Bänden, Band VI, Darmstadt 1975.

KERBS, DIETHART: Das Ende der Höflichkeit: Für eine Revision der Anstandserziehung, München 1970.

KNIGGE, ADOLPH FREIHERR VON: Über den Umgang mit Menschen, hrsg. v. Gert Ueding, Frankfurt 1977.

LEGGEWIE, CLAUS: »Regelwerke für einen zivilisierten Umgang. Ein Gespräch mit Ruthard Stäblein«. In: Stäblein, Ruthard (Hrsg.): Höflichkeit, Tugend oder schöner Schein?, Frankfurt a. M. 1997.

LÜDE, ROLF VON: zitiert nach: Grimm, Rudolf: »Drängeln, pöbeln – schlechtes Benehmen wird unterschiedlich erklärt«. In: <http://www.glaube-aktuell.net> vom 11. 3. 2004.

LÜGER, HEINZ HELMUT (Hrsg.): Höflichkeitsstile, Frankfurt a. M. 2001.

MCCULLOUGH, DONALD: Say Please, Say Thank You: The Respect We Owe One Another, New York 1998.

SCHÖNFELDT, SYBIL GRÄFIN VON: Das 1x1 des guten Tons. Ein moderner Ratgeber für zeitgemäße Umgangsformen in allen Situationen, München 1991.

SCHWANITZ, DIETRICH: Bildung. Alles, was man wissen muss, Frankfurt a. M. 2000.

SENNETT, RICHARD: Respekt im Zeitalter der Ungleichheit. Aus dem Amerikanischen von Michael Bischoff, Berlin 2002.

SENNETT, RICHARD: Die Tyrannei der Intimität. Verfall und Ende des öffentlichen Lebens. Aus dem Amerikanischen von Reinhard Kaiser, Frankfurt a. M. 1983.

STÄBLEIN, RUTHARD (Hrsg.): Höflichkeit: Tugend oder schöner Schein?, Frankfurt a. M. 1997.

STEPHAN, CORA: Neue deutsche Etikette, Berlin 1995.

STRUCK, PETER: Schule macht Spaß: das Grundschul-Handbuch für Eltern, Berlin 2003.

STRUCK, PETER: »Kinder brauchen einen Klassenlehrer«. In: Der Tagesspiegel vom 15. 3. 2004.

VALTL, KARLHEINZ: Erziehung zur Höflichkeit. Höflichkeit als Wertkonzept der Alltagsinteraktion, als Gegenstand empirischer Forschung in den Humanwissenschaften und als Aufgabe der Erziehung, Phil. Diss., Regensburg 1986.

WEINRICH, HARALD: Lügt man im Deutschen, wenn man höflich ist?, Mannheim 1986.

Erhellende Gespräche, für die ich mich bedanken möchte

KARL WITTE: SCHULZENTRUM FLÄMISCHE STRASSE, BREMEN-HUCHTING

JENS GROSSPIETSCH, KARIN JÄGER: HEINRICH-VON-STEPHAN-OBERSCHULE, BERLIN

HEIDEMARIE GÖTTING-KÜHNE, KOMMUNIKATIONSTRAINERIN, BERLIN

DR. KARLHEINZ VALTL, MÜNCHEN

Schule und Erziehung

Gibt es die ›richtige‹ Erziehung? • Was erwartet mein Kind von mir, was kann ich von ihm erwarten? • Was kommt beim Schulanfang auf mein Kind zu? • Wie hat es Spaß am Lernen?

Experten klären Ihre Fragen und helfen bei Problemen.

Wolfgang Bergmann
Erziehen im Informationszeitalter
ISBN 3-423-36304-5

Barbara Högl
Störfälle?
Die viel zu unaufmerksamen Kinder
ISBN 3-423-36213-8

Christine Kaniak-Urban
Jedes Kind hat seine Stärken
Typgerecht erziehen, seelische Nöte erkennen, Kompetenzen fördern
ISBN 3-423-34092-4

Michael Köditz
Wenn Kinder schwierig sind
Eine Hilfestellung für Eltern, Lehrer und Erzieher
ISBN 3-423-34117-3

Gerhard W. Lauth, Peter F. Schlottke, Kerstin Naumann
Rastlose Kinder, ratlose Eltern
Hilfen bei Überaktivität und Aufmerksamkeitsstörungen
ISBN 3-423-36122-0

Wörterbuch Pädagogik
Hg. v. Horst Schaub und Karl G. Zenke
ISBN 3-423-32521-6

Cora Neuhaus, Corona Schmid
Nur eine Phase?
Verhaltensauffälligkeiten bei Kindern
ISBN 3-423-36219-7

Wolfgang Oelsner
Gerd Lehmkuhl
Schulangst erfolgreich begegnen
Ein Ratgeber für Eltern und Lehrer
ISBN 3-423-34139-4

Dorothy Rich
Lernspiele für den EQ
So fördern Sie die emotionale Intelligenz Ihres Kindes
Übers. v. H. Zeltner
ISBN 3-423-36226-X

Peter Struck
Erziehung von gestern – Schüler von heute – Schule von morgen
ISBN 3-423-36210-3

Netzwerk Schule
Mit dem Computer das Lernen lernen
ISBN 3-423-36239-1

Bitte besuchen Sie uns im Internet: www.dtv.de

Klug mit Gefühlen umgehen

Cheryl Benard, Edit Schlaffer
Die Physik der Liebe
Warum selbstbewusste Frauen
glücklichere Beziehungen haben
ISBN 3-423-34091-6

Isabelle Filliozat
Sei, wie du fühlst
Mit Emotionen besser leben.
Ein Praxisbuch
Übers. v. M. Buchwald
ISBN 3-423-34102-5

Daniel Goleman
EQ. Emotionale Intelligenz
Übers. v. F. Griese
ISBN 3-423-36020-8

EQ²
Der Erfolgsquotient
Übers. v. F. Griese und
T. Schmidt
ISBN 3-423-36211-1

Die heilende Kraft der Gefühle
Hg. v. Daniel Goleman
Übers. v. F. R. Glunk
ISBN 3-423-36178-6

Verena Kast
Neid und Eifersucht
Die Herausforderung durch
unangenehme Gefühle
ISBN 3-423-35152-7

Der Schatten in uns
Die subversive Lebenskraft
ISBN 3-423-35160-8

Arnold Lazarus
Fallstricke der Liebe
Vierundzwanzig Irrtümer
über das Leben zu zweit
ISBN 3-423-36185-9

Joseph LeDoux
Das Netz der Gefühle
Wie Emotionen entstehen
Übers. v. F. Griese
ISBN 3-423-36253-7

Peter Schmidt
**Die Kraft der positiven
Gefühle**
Mit neuen Mentaltechniken
innerlich frei werden
ISBN 3-423-36256-1

Claude Steiner, Paul Perry
Emotionale Kompetenz
Übers. v. S. Hornfeck
ISBN 3-423-36157-3

Peter Uffelmann
Verzeih dir selbst
Die sieben Schritte zum
Selbstwertgefühl
ISBN 3-423-34086-X

Bärbel Wardetzki
Ohrfeige für die Seele
Wie wir mit Kränkung und
Zurückweisung besser umge-
hen können
ISBN 3-423-34057-6

Bitte besuchen Sie uns im Internet: www.dtv.de

Aktuelle Themen im <u>dtv</u>

Stefan Aust, Cordt Schnibben
Irak
Geschichte eines modernen
Krieges
ISBN 3-423-34137-8

Olaf Baale
Die Verwaltungsarmee
Wie der Staat ruiniert wird
ISBN 3-423-24412-7

Colin J. Campbell
Ölwechsel!
Das Ende des Erdölzeitalters
und die Weichenstellung für
die Zukunft
Übers. v. H. Roth
ISBN 3-423-24321-X

Jim Collins
Der Weg zu den Besten
Die sieben Management-
Prinzipien für dauerhaften
Unternehmenserfolg
Übers. v. M. Baltes und
F. Böhler
ISBN 3-423-34039-8

Hans-Peter Dürr
Für eine zivile Gesellschaft
Beiträge zu unserer
Zukunftsfähigkeit
ISBN 3-423-36177-8

Francis Fukuyama
Der große Aufbruch
Wie unsere Gesellschaft eine
neue Ordnung erfindet
Übers. v. K. Dürr und
U. Schäfer
ISBN 3-423-36271-5

Fancis Fukuyama
Das Ende des Menschen
Übers. v. K. Kochmann
ISBN 3-423-34070-3

Mario Gmür
Der öffentliche Mensch
Medienstars und Medienopfer
ISBN 3-423-36260-X

Günter Grass, Daniela Dahn,
Johano Strasser
In einem reichen Land
Zeugnisse alltäglichen Leidens
an der Gesellschaft
ISBN 3-423-34131-9

Robert Greene
Power
Die 48 Gesetze der Macht
Übers. v. H. Schickert und
B. Brandau
ISBN 3-423-36248-0

**Die 24 Gesetze der
Verführung**
Ein Joost-Elffers-Buch
Übers. v. H. Schickert
ISBN 3-423-34081-9

Amira Hass
Gaza
Tage und Nächte in einem
besetzten Land
Übers. v. S. Langhaeuser
ISBN 3-423-34138-6

Frank Lehmann
Wirtschaft
Worauf es wirklich ankommt
ISBN 3-423-34096-7

Bitte besuchen Sie uns im Internet: www.dtv.de